KB063425

# 스님, 왜 통일을 해야 하나요

법륜스님이 들려주는
명쾌한 통일 이야기

# 스님, 왜 통일을 해야 하나요

법륜 지음

정토출판

격변의 시기입니다. 올해 들어 우리는 남북관계와 북미관계에서 이전에 보지 못했던 큰 변화를 목격하고 있습니다. 남북의 정상이 만나 어느 때보다 진전된 대화를 나누고 북미 정상이 역사상 최초로 만남을 가졌습니다. 한국전쟁이 발발한 지 68년만의 일입니다.

이것은 우연인 듯 보이지만 실은 보이지 않는 많은 이들이 노력해온 결과이며 반드시 일어나야 할 일이기도 합니다. 68년간 휴전 상태로 언제 전쟁이 일어날지 모른다는 위기감 속에 살아온 우리에게는 평화와 번영으로 가는 천우신조의 기회입니다.

저는 오랜 시간 동안 통일운동, 평화운동을 벌여왔습니다. 1995년 북한에 대홍수, 대기근이 일어났을 때 중국 쪽 국경에서 그 처참한 현장을 접하고는 북한동포 돕기 운동을 시작한 후 지금까지 대북 인도적 지원, 탈북 난민 돕기, 국내 정착지원 활동을 계속하고 있습니다. 그러나 이 운동을 해 나갈수록 북한 위기극복과 인권 개선은 이 땅에 평화가 정착되고 정상적인 교류가 일어나야 제대로 이루어질 수 있음을 알게 되었습니다.

남한도 마찬가지입니다. 우리 사회는 수십 년간 이어져온 압축성장이 끝나고 현재는 성장동력이 상실되어 장기 침체로 무기력한 상태에 빠져 있습니다. 우리의 기상을 살리고 발전의 동력을 얻으려면 평화, 그리고 통일로 나아가야 합니다.

문제를 해결하려면 우선 상황을 있는 그대로 보아야 하고, 거기서 내가 무엇을 할 수 있을지를 고민하고 실천해야 합니다.

지난 시기 한국정부는 평화와 교류, 통일에 매우 소극적인 태도를 보였습니다. 장기적으로 보았을 때 우리 사회가, 우리 민족이 살 길은 통일뿐인데 정부가 하지 않는다고 언제까지 손 놓고 기다릴 수만은 없었습니다. 그래서 만든 것이 통일의병입니다. 선조들이 그랬듯이 아무 대가도 바라지 않고 내 나라의 미래를 위해 헌신하겠다는 취지에 공감하고 많은 분들이 뜻을 함께 해 주었습니다.

이 책은 탈북민들과 통일의병을 대상으로 2014년부터 2017년까지 대화했던 내용을 정리해서 만들었습니다. 많은 분들이 자신이 직면한 문제를 해결하고자 절실한 마음으로 물었습니다. 우리가 가야 할 길은 멀지만 한 걸음 한 걸음 내딛다보면 곧 도달할 길일 겁니다.

오랜 시간 통일을 간절히 염원하다보니 그와 관련이 있다면 국내외를 막론하고 각계각층의 사람들을 만나왔고 그에 대한 비전을 여러모로 탐구하게 되었습니다. 이 책이 모쪼록 통일을 둘러싼 궁금증을 풀어줄 작은 안내서가 되기를 바랍니다.

2018년 10월
법륜 합장

# 차례

## IV 나를 넘어 통일로 가는 길

왜 통일인가요

# 통일은 우리의 선택에 달렸다

**66**

다시는 한반도에 한국전쟁과 같은 비극이 일어나지 않기를 바라는 마음입니다. 저는 한반도의 평화를 위해서는 통일이 가장 궁극적이고 근본적인 해결책이라고 생각합니다. 하지만 주변에 많은 사람들은 통일이 되면 세금부담 증가와 갖가지 사회 혼란 등 여러 문제가 발생할 거라고 걱정하면서 통일을 부정적으로 생각하고 반대합니다. 이렇게 통일에 반대하는 분들에게 우리나라의 발전을 위해서 통일이 꼭 필요하다고 어떻게 설명할 수 있을까요? **99**

우리나라는 분단 상태에서도 경제적으로 상당한 성장을 했고, 민주화까지도 이뤄냈습니다. 여러 어려움 가운데서도 이런 성과

들을 이뤄냈기 때문에, 우리는 무의식적으로 앞으로도 계속 발전해 나갈 수 있으리라고 생각하기 쉽습니다. 그런데 심각한 고령화와 저출산이 지속되고 있는 국내 상황이나 중국의 급격한 부상 등 국제 정세 변화를 볼 때 앞으로는 우리나라가 지속적으로 발전해 나가기 어려워요.

이런 현실에서, 첫째로 분단 이후 50여 년간 이뤄놓은 성과를 유지하려면 이 땅에 다시는 전쟁이 있어서는 안 됩니다. 더 발전하지는 못 하더라도 지금까지 이룬 것을 유지·보호는 해야 하지 않겠습니까. 두 번째로는 우리가 현재 상태에 만족하고 유지·보호에만 머무를 것이냐, 아니면 더 발전해 나갈 길을 모색할 것이냐를 결정해야 합니다. 이것은 우리가 선택하기 나름이에요. 이 정도면 됐다 하고 만족한다면 평화만 유지해 나가는 것도 한 방법입니다.

그러나 우리나라가 지금보다 경제적으로 더 발전하고, 안보도 더 굳건해지고, 국제사회에서 영향력 있는 행위주체로 자리매김하고, 청년실업이니 중소기업 몰락이니 좌우 이념논쟁이니 하는 문제들을 해결해서 한 단계 업그레이드해야 한다고 생각한다면 많은 학자나 전문가들이 분석하고 고민해 봐도 길은 하나밖에 없다는 겁니다. 바로 통일이에요.

경제 부분을 한번 살펴볼까요. 남북 통합경제를 만들어서 북한 개발이라는 특수를 맞이하면 앞으로 우리나라가 10~20년 정도 더 성장할 수 있는 기회가 생깁니다.

미국은 19세기 중반까지 한참 성장을 하다가 저성장 국면에 부딪혔을 때 멕시코와 전쟁을 해서 텍사스, 애리조나, 캘리포니아 등 멕시코의 영토였던 서부를 장악했습니다. 이른바 '서부 개척'으로 저성장 국면을 돌파했어요. 단순히 양적으로만 성장한 것이 아니라, 새로운 지역을 개발하는 그 힘으로 많은 창조가 일어났습니다. 자동차, 전신, 전화 이런 것들을 그 시기에 만들어 냈어요. 왜냐하면 동부와 서부의 거리가 너무 멀어서 연락하기 어려우니까 전화기가 필요하고 빠른 이동을 위해 자동차가 필요한, 이런 절실함 때문에 창조가 일어난 거예요. 영토가 넓어지면서 당시 유럽에는 없던 새로운 문물을 만들어 냈고, 그동안 유럽의 모든 것을 모방하던 과거를 딛고 유럽을 앞지르는 새로운 기술문명을 창조했지요.

이처럼 미국은 경제의 양적 성장과 함께 이런 창조의 힘으로 세계 문명의 중심이 됐습니다. 우리나라도 지금까지의 성장 추세를 지속하려면 앞으로 북한 개발을 제외하고는 뾰족한 수가 없습니다. 한국 경제의 성장 동력이 거의 소진됐기 때문에 그래요. 이 문제는 우리의 선택입니다. 더 성장하려면 통일을 추진해야 하고, 지금 이 정도로도 만족하면 평화만 이루어도 됩니다.

질문자가 말한 대로 '통일에는 비용이 많이 들지 않느냐?'는 우려가 있는데, 이것은 단순히 돈이 많이 든다, 안 든다의 문제로 볼 것은 아닙니다. 이렇게 한번 생각해 보세요. 우리가 자녀를 대학에 보내면 안 보내는 것보다 돈이 많이 들죠? 그런데 자녀를 교육시키는 것은, 가구를 사고 옷을 사는 것과 같은 소비입니까 아니면 투자입니까? 투자잖아요. 우리가 빚을 내서라도 자녀를 교육시키는 것은 길게 보면 그게 더 생산적이기 때문입니다. 이런 관점으로 판단을 해서 북한에 철도를 깔고 도로를 닦는 등 개발 비용을 소비가 아닌 투자로 봐야 합니다. 북한 광산을 개발하거나 산림을 조성하는 것도 마찬가지예요. 미래를 위한 투자비용은 부족하면 빌려서라도 쓰는 것이 필요합니다. 단순하게 '돈이 많이 드니까 통일은 재앙이다'라고 하는 것은 지나친 걱정입니다. 제가 볼 때 통일 비용은 크게 걱정할 필요가 없습니다. 우리도

과거에 개발을 할 때 외자를 유치해서라도 온갖 투자를 했잖아
요. 그 투자가 지금 우리나라가 이룬 발전의 토대가 되었고요.

그래서 '같은 민족이니까 통일해야 한다'는 명분 차원이 아
니라, 우리에게 큰 이익이 되니까 통일이 필요한 것입니다. 통일
은 북한에만 이익이 되는 것이 아니라 우리 남한에도 많은 이익
이 된다는 말입니다.

통일은 경제 부분 외에도 안보 측면에서 우리에게 큰 이익을
가져다줍니다. 분단 상태에서 미·중이 경쟁하면 한국은 미·일동
맹에 종속되고, 북한은 중·러동맹에 종속되어 강대국 분쟁의 완
충지대가 될 것입니다. 한반도의 운명이 미·중 경쟁의 종속 변수
가 되어버리는 거예요. 그래서 통일은 고사하고 분단 상태에서
의 평화를 유지하기도 어려워집니다. 그러나 통일 한국은 미·중
어느 쪽에도 쏠리지 않고 양국 경쟁의 완충지대로서 자주 외교를
할 수 있습니다.

이렇게 경제적, 안보적 측면에서만 보아도 통일은 우리에게
큰 이익인데, 북한의 협조를 얻기 위해 이익의 일부를 나누는 것
을 퍼주기라든지 북쪽에 끌려다닌다든지 하며 무조건 반대하고

나서면 통일은 어렵습니다. 통일은 된다, 안 된다고 단정할 수 있는 것이 아니라 우리가 어떻게 하느냐에 따라 가능할 수도 있고, 불가능할 수도 있는 거예요.

통일을 할 생각이 있다면 우리가 미래의 이익을 위해서 상대방을 포용해야 해요. 북한이 자꾸 어깃장을 놓으니까 우리도 맞대응해야 한다고 생각하면 이는 통일에 대한 책임의식과 주체의식이 전혀 없는 태도입니다. 상대가 어떻게 하든 통일을 해서 국가와 국민의 이익을 추구하겠다고 한다면 상대의 옹졸한 행동에 의젓하게 대응하고, 상대의 위협이 우리의 안보를 불안하게 하는 경우 철저히 상황을 관리하고 대응하는 자세가 필요합니다.

이런 입장을 갖기 위해서는 통일이 우리에게 이익이라는 생각이 확고해야 하는데 여러분은 지금 통일하면 손해 보는 것 아닌가 하고 걱정을 하죠. 이 문제는 여러분 스스로 곰곰이 생각해 보세요. 통일이 과연 우리에게 이익인지 손해인지를 말이지요.

서독이 통일 과정에서 동독 때문에 세금을 많이 냈다고 하지만 지금 통일독일의 경제가 유럽에서 차지하는 비중, EU 내에서의 영향력을 분단 시절과 비교했을 때 통일은 이익일까요, 손해

일까요? 또 중국이 대만이나 홍콩에 1국 2체제를 당분간 용인하는 게 이익일까요, 대립을 극대화해서 서로 포격하고 싸우는 것이 이익일까요? 이런 것에 비추어 생각해보면 우리가 앞으로 남북관계를 어떻게 이끌어가는 게 좋은지 알 수 있습니다.

또 이렇게도 생각해 보세요. 한일관계에서 일본이 지금도 위안부문제를 인정하지 않고, 독도를 일본 영토라고 주장하지 않습니까? 그런 나라니까 외교 관계를 단절하고 경제 교류도 끊고 서로 담 쌓고 지내는 것이 이익입니까, 아니면 위안부 문제와 독도 문제에는 강력하게 대응하면서도 외교 관계를 수립하는 것이 이익입니까? 중국은 한국전쟁 때 백만 대군을 보내 북한을 도왔고, 수많은 우리 국군을 죽였는데 한번도 사과하거나 반성하지 않았습니다. 오히려 시진핑은 중국 인민해방군 창설 90주년 기념식에서 '항미원조전쟁(抗美援朝戰爭, 중국 정부가 한국전쟁을 일컫는 공식 명칭)은 침략에 맞선 정의로운 전쟁'이라고까지 말하기도 했어요. 그러나 우리가 한중 수교 26년을 맞은 지금에 돌아봤을 때 중국과 외교 관계를 맺고 경제 교류를 한 것이 우리에게 이익이었는지 손해였는지를 생각해봐야 합니다.

새로운 시대, 우리가 앞으로 살아갈 미래는 과거의 상처를 잊지는 않되 그 상처를 딛고 일어나 상호 협력으로 나아가는 시대입니다. 이것이 세계 추세에요. 프랑스와 독일은 30년 전쟁, 보불전쟁 등에서 보듯 역사적으로 엄청난 앙숙이었는데 오늘날에는 상호 협력해서 모든 유럽 국가들에게 이익이 되고 있죠. 남북한이 많은 문제와 논쟁거리가 있지만 그럼에도 통일이 민족 전체의 이익이라면, 그리고 우리가 통일을 원한다는 입장만 확고히 한다면 앞으로 어떻게 해 나갈 것인가 하는 구체적인 방법의 문제는 크게 어렵지 않아요.

　분단 체제가 지속된다면 우리나라는 앞으로 발전은커녕 정체하는 정도가 아니라 후퇴할 것입니다. 여러분이 앞으로 살아갈 대한민국이 어떤 모습이기를 원합니까? 통일을 통해 인류 사회의 평화와 번영에 기여하는 나라인지, 아니면 같은 민족끼리 계속 총을 겨누고 핵폭탄을 터뜨린다, 선제공격도 불사한다고 협박하며 국민들이 불안에 떠는 나라인지 결정해야 합니다. 이것은 온전히 여러분의 선택에 달렸다고 저는 생각합니다.

# 왜 통일을 해야 하나요

> 저는 왜 굳이 통일을 해야 하는지 모르겠습니다. 북한도 나름의
> 통치 체제를 갖추고 있는데 우리가 그것을 해체하면서까지 하나
> 로 합치는 게 필요할까요? 다른 나라들과 교류를 하는 것처럼 북
> 한과도 그렇게 지내면 되지 않을까요? "

우리가 북한체제를 해체하려고 할 때 그쪽에서 순순히 응하면 괜
찮은데, 반발을 억누르고 강제로 진행하려면 부작용이 있겠죠.
그래서 강제로 하는 것은 저도 반대합니다.

전 세계에는 200여 개의 나라가 있습니다. 그 나라들 중에 같
은 민족인데 두 개의 나라를 구성한 경우는 거의 없습니다. 가장
흔한 경우가 하나의 민족이 한 개의 나라를 구성하는 것이고, 그

다음이 여러 민족이 한 나라를 구성하는 경우입니다.

문명이 발달할수록 가능하면 하나의 공동체를 구성하는 것이 일반적입니다. 그래서 같은 민족으로서 언어와 문자가 같고 문화가 같으면 굳이 따로 살지 않고 공동체를 구성하는 것이 자연스러운 현상이에요. 설사 문화가 다르고 민족이 다르다고 하더라도 하나의 나라를 구성하는 것이 유리할 때도 있지요. 그래서 유럽은 EU를 만들어서 공통 화폐인 유로화를 달러에 버금가는 지위의 기축통화로 만들고, 서로 전쟁 위험을 없애는 등 많은 이익을 누리고 있잖아요. 과거에 그렇게 많이 싸우고 반목했던 유럽 각국이 지금 EU 내에서 서로 전쟁을 할 가능성은 거의 없습니다.

이렇게 다른 민족이고 다른 나라여도 서로 협력해서 하나로 통합해 가는 것이 지금 문명의 추세에요. 옛날에는 '원교근공책遠交近攻策'이라고 해서 가까이 있는 것은 적이고 멀리 있는 것이 친구였는데 지금은 세계가 달라졌습니다. 가까이 있는 나라가 친구가 돼요. 왜냐하면 작은 단위로는 경쟁력이 없기 때문입니다. 이런 추세에서 하나의 민족이 두 개 이상의 나라를 구성하는 것은 내전이 일어났을 때의 일시적 현상에 속합니다.

근대에는 큰 나라가 작은 나라를, 큰 민족이 작은 민족을 강제로 통합하기도 했어요. 이것을 식민지 정책이라고 합니다. 근대 강국들이 국력을 강화하기 위해 흔히 썼던 방법인데, 그때의 식민지는 현대로 오면서 다 해체됐습니다. 각 민족이 독립해서 국가를 구성하는 방향으로 세계 흐름이 변화했고 그 독립을 기초로, 즉 각자의 자주성을 바탕으로 상호 협력하는 것이 현대, 그리고 미래 인류 문명의 발전 과정입니다. 이 부분에서 가장 앞서가고 있는 것이 유럽이죠.

물론 유럽 안에도 아직 근대적인 요소들이 남아 있기는 합니다. 예를 들면 영국은 잉글랜드가 스코틀랜드를 강제로 합병시켜 만든 나라고, 스페인은 카탈루냐 지역을 200여 년 전에 강제로 통합했습니다. 그래서 지금 이 나라들에서는 독립의 움직임이 거세죠. 한편 체코슬로바키아는 체코와 슬로바키아로 분리됐고, 유고슬라비아도 여섯 개 나라로 각각 독립했지요. 이것을 유럽의 분열이라고 말할 수는 없습니다. 왜냐하면 같은 민족, 같은 문화권끼리 독자성을 유지하면서, 각자의 자주성을 바탕으로 다시 EU라는 공동체로 통합되기 때문입니다.

이처럼 하나의 민족이 하나의 국가를 구성하는 것은 아주 자연스러운 것입니다. 그러나 우리가 전쟁을 겪고 분단된 상태를 억지로 해소하려 하면 부작용이 생기기 쉽죠. 일단은 가까운 이웃나라처럼 자유롭게 왕래할 수 있어야 합니다. 다음으로는 남북 통합경제를 구성해야 해요. 그리고 나서 시간이 지나 남북의 주민들이 이렇게 따로 살 것이 아니라 하나로 합치자고 의견이 모아지면 그때 통일을 하면 됩니다. 체제를 하나로 합치는 차원의 통일은 시간을 못박아놓고 정할 필요가 없습니다.

독일의 경우에는 서독이 통일의 여건을 만들고 동독 주민들이 최종 결정해서 통일을 이루었지요. 우리도 이에 따른다면, 경제 규모나 국제적 위상이 압도적 우위에 있는 남한이 통일의 여건을 만들고 최종 선택은 북한 주민들이 하도록 하면 됩니다. 북한 주민들의 자발적 의사로 하나로 합치자고 하면 합치고, 따로 있으면서 경제 통합과 교류만 하는 게 낫겠다고 하면 그러면 되고요. 이것은 흡수 통일과는 다릅니다.

질문자가 '체제를 합치는 통일을 강제로, 서둘러서 할 필요가 있느냐?'라고 묻는 것이라면 '그럴 필요가 없다'고 말할 수 있고, '통일은 할 필요가 없고, 그냥 계속 다른 나라로 살아도 되지 않습니까?'라고 묻는다면 '그것은 세계 문명의 흐름에도 맞지 않고, 우리에게 이익이 되는 일을 포기하는 어리석은 행동이다'라고 말할 수 있습니다. 다른 민족, 다른 나라일지라도 하나로 통합하는 추세인데, 하나의 민족인 남한과 북한이 두 개의 나라로 쪼개져 있을 필요가 있습니까? 하나로 뭉쳐서 국력을 키워야지요.

# 청년들은 통일에 관심이 없어요

66

분단국가에 살고 있으면서 통일을 해야 한다는 사람은 많지 않고, '과연 통일을 해야 하나?' '세금을 더 내야 되는 건 아닐까?' '나에게 불이익이 오지 않을까?' 이런 생각을 하는 사람들이 많습니다. 특히 청년 중에 이런 생각으로 통일에 반대하는 경우가 많은데, 어떻게 하면 청년들이 통일을 바라는 마음을 가질 수 있을까요? 99

길거리에서 '북한 어린이 돕기' 모금을 하면, 일부 어른들은 거기 와서 책상을 발로 차버리거나 북한 욕을 막 하고 그래요. 그러면서 북한 어린이들이 굶어 죽는다고 하면 돈을 만 원 넣고 가요. 즉, 욕은 하지만 돈은 넣고 가요.

그런데 젊은 사람들은 어떠냐? 욕도 안 하고 돈도 안 넣어요. 이건 무관심입니다. 젊은 사람들이 꼭 '통일에 반대한다!' 이렇게 생각할까요? 그렇지 않습니다. 통일해야 한다는 생각을 안 할 뿐이지, 통일해서는 안 된다고 생각하지도 않아요. '무관심이 가장 무섭다'는 말이 있지요. 욕을 한다는 것은 그래도 관심이 있다는 말인데, 통일에 무관심한 젊은이들은 이 문제에 대해 아무 생각이 없습니다.

청년들이 통일에 대해 별 생각이 없는 것은 어찌 보면 자연스러운 현상입니다. 예를 들어 이민을 간 사람들을 봅시다. 한국에 태어났지만 살기가 어려워서 선진국으로 이민을 간 사람들은 그 나라에서 경제적으로 편하게 지낸다고 해도 늘 고국이 생각나고 고향이 그리워요. 또 군사정부 시대에 독재가 싫어서 이민을 갔던 사람은 한국이 나쁘다고 욕을 하면서도 한국을 그리워합니다.

하지만 이민 2세대는 부모님이 한국에 대해서 하는 말을 듣고 자라서 한국을 알기는 해도 그리워하지는 않아요. 그들은 자신에게 유리하면 본인이 한국인이라고 밝히고 또 한국인이라는 생각을 갖지만 그렇지 않으면 한국인이라고 생각하지 않습니다. 무의식 세계에서는 자신이 태어나고 자란 나라가 고향이니까요.

이민 2세대들이 내 고국은 한국이니까 당연히 한국어를 배워야한다고 생각할까요? 아니면 현대니 삼성이니 이런 회사에 취직하거나 한국에서 영어 선생을 하는 데 유리하니까 한국어를 배울까요? 이민 2세대들은 한국에 특별한 애착이 없고, 이해관계를바탕으로 한국을 생각하고 판단합니다. 자신에게 유리한지 불리한지 관계치 않고 한국 사람이라는 인식을 가진 이민 1세대들과는 달라요.

그런 것처럼 분단되기 전에 태어나서 자란 사람들은 분단과전쟁의 고통을 직접 겪었기 때문에 북한을 욕하고 비판하지만,분단 이전의 한반도에 살아보았기 때문에 다시 하나가 돼야 한다는 생각을 굳건하게 가지고 있습니다. 하지만 분단 이후에 태어나서 자란 세대는 분단 이전을 겪어본 경험이 없기 때문에, 학교에서 통일에 대해 배워 머리로는 알지만 심정적으로는 크게 공감이 되지 않고 통일에 무관심합니다. 그래서 '우리의 소원은 통일' 노래를 불러도 마음에 썩 다가오지를 않고, 텔레비전에서 이산가족이 만나서 막 울면 그때만 마음이 울컥하고 '통일이 돼야한다'고 생각하지만 텔레비전을 끄고 현실로 돌아가면 그런 울컥한 마음은 온데간데없습니다. 이것은 우리 젊은이들이 태어나고 자란 환경이 그렇기 때문에 자연스러운 현상입니다.

젊은이들이 통일문제에 진정으로 관심을 갖게 하려면, 지금 우리가 직면한 문제를 해결하는 데 통일이 얼마나 큰 도움이 되는가를 합리적으로 이해하도록 해야 합니다. 만약 북한이 우리보다 훨씬 잘 살고 자유와 인권이 보장되는 나라라면 분단된 상태에서 태어난 젊은이들도 통일의 욕구가 있었을 거예요. 통일을 함으로써 우리가 더 부유하고 자유롭게 살 수 있다고 생각할 테니까요. 그런데 북한이 가난해서 사람들이 굶어 죽고 자유가 극도로 억압된 국가라고 하니까, 통일에 관심이 없어지고 누가 통일하자고 하면 '어, 그러면 내가 손해 아닌가?' 하는 생각이 들어서 통일에 반대하게 되는 겁니다.

분단 조국에 태어나서 자란 우리의 무의식에는 지난 50여 년간 분단된 상태로 발전도 하고 민주화도 이뤄냈다고 생각하기 때문에 통일의 필요성에 대한 인식이 별로 없어요. 우리는 분단된 상태로도 많은 발전을 이루었으니까요. 요즘 경기가 침체되고 청년실업이 심각해도 무의식적으로 '우리가 뭔가 좀 노력하고 잘 해나가면 예전처럼 다시 성장하고, 실업이니 뭐니 하는 문제들도 해결할 수 있을 거야' 하고 생각합니다.

하지만 그렇지 않아요. 과거와는 상황이 완전히 바뀌었습니다. 지난 50년은 세계 최강국이 미국이었고, 미국이 지속적으로 성장했습니다. 최강국인 미국과 우리가 동맹을 맺고 있으니까 북한이 어떻게 해도 안보가 지켜지고, 앞선 나라의 문명을 받아들였기 때문에 빠른 속도로 성장할 수 있었습니다.

여러분도 알다시피 지금 미국이 아직 최강국이기는 하지만 지는 해의 모습을 보이고 있고 중국이 떠오르고 있습니다. 현재 우리나라가 미·일 양국에 수출하는 총액이 중국에 수출하는 금액의 70퍼센트도 안 돼요. 이미 우리 경제는 중국에 많이 의존해 있는 상황입니다. 그러니까 세력 판도와 우리가 처한 조건이 10~20년 전과는 많이 달라져 있어요.

지금까지는 우리가 많은 성장을 했죠. 박정희 대통령, 전두환 대통령 때까지 경제가 11~12퍼센트 정도로 두 자릿수 성장을 했습니다. 그러다가 노태우 대통령 때 9퍼센트 정도 성장을 했고, 김영삼 대통령 때는 IMF 사태로 성장률이 추락했지만 7퍼센트, 김대중 대통령 때는 5퍼센트 남짓 성장을 했습니다. 이게 노무현 대통령 때는 4퍼센트를 조금 넘는 정도가 됐고, 우리가 고성장을 하다가 성장률이 4~5퍼센트대로 떨어지니까 국민들이 체감하기에 경제가 어렵다고 불만이 높아지기도 했어요. 이명박 대통령이 자신은 경제 전문가이니 7퍼센트 성장을 이루겠다고 약속을 했지만 4~5퍼센트도 유지하지 못하고 3퍼센트로 떨어졌습니다. 박근혜 대통령도 5퍼센트 성장을 약속했는데 3퍼센트에도 채 미치지 못 했습니다. 이게 무엇을 의미하느냐? 어떤 정권이 들어선다고 해서 우리가 다시 5퍼센트, 7퍼센트 성장할 수 있을까요? 그렇지 않습니다. 그 이유는 우리 사회가 고성장군에서 저성장군으로 바뀌었기 때문이에요. 이제 조금 더 지나면 정체 국면으로 들어갈 겁니다. 어떤 사람이 대통령이 된다고 해서 해결할 수 있는 문제가 아닙니다. 우리 사회가 저성장 국면에 들어간 것은 낮은 출산율과 고령화로 인한 인구 구성 변화, 임금 수준 상승, 과거에 모방시스템을 통해 이뤘던 성장이 갖는 한계 등이 원인입니다. 이것은 자연스러운 현상이고, 우리가 당장 해결할 수 있는 문제들이 아닙니다. 받아들이는 수밖에 없어요.

이 자연스러운 변화를 받아들이고, 일본이 장기불황을 겪었던 것처럼 우리도 긴 불황의 길을 갈 것으로 예측하고 수용하는 것도 하나의 방법입니다. 지금 젊은이들이 어떻습니까? 취직을 못해도 부모님한테 밥을 얻어먹을 수 있고, 용돈이 떨어지더라도 잠깐씩 알바를 하면 당장 먹고는 살잖아요. 즉, 생존을 유지할 수 있는 수준에서의 빈곤이에요. 그러니 '이거면 됐다, 이대로 살자' 이렇게 생각할 것인지, 아니면 '이대로는 안 된다, 우리가 한 번 더 성장해 보자' 하고 생각할 것인지는 여러분에게 달렸습니다.

그런데 '일본도 못 이룬 정체국면 타파와 성장을 우리가 어떻게 하느냐?'는 의문이 있을 수 있겠죠. 우리에게는 한 가지 길이 있어요. 바로 북한 개발이라는 특수입니다.

1910년대에 일본은 정체 국면에 들어섰을 때 한국과 만주를 점령해서 이 문제를 풀었던 적이 있습니다. 역사적으로 보면 수많은 나라가 정체 국면 타개를 위해 침략 전쟁을 했습니다. 이것이 제국주의 침략이에요. 그런데 1990년대의 세계 질서는 일국의 필요에 의한 침략 전쟁을 허용하지 않았기 때문에 일본이 별다른 수를 쓰지 못하고 기나긴 정체 국면에 들어갔던 것이지요.

이런 측면에서 보면, 분단은 큰 고통이었지만 지금 이 상황에서 우리가 다른 나라를 침략하지 않고도 경제 규모를 확장하고 잉여 자금의 투자처를 확보할 수 있는 기회이기도 합니다. 그 기회가 바로 북한과의 경제 통합이에요. 북한과 통합을 하면 북한에 철도, 도로 같은 인프라도 구축해야 하고 하천 정비도 해야 하고 산림 조성도 해야 합니다. 이러한 전반적 개발 사업이 우리 경제에 엄청난 특수가 될 것입니다. 침체 일로에 있는 철강 산업, 건설업 등에 엄청난 활력이 생길 거예요.

그런데 북한이 아무도 없는 빈 땅이면 그냥 가서 개발을 하면 되는데, 거기도 사람이 살고 정권이 있고 군대가 있죠. 지금 처해 있는 상황이 어렵기는 하지만 우리가 가서 점령하듯이 통일을 한다면 가만히 있을까요? 죽기 살기로 저항을 하겠죠. 그러면 우리에게 위험 부담이 엄청납니다. 그래서 이 문제는 반드시 평화적으로 풀어야 하고, 북한이 통일에 동의해야 합니다. 우리가 남한만의 이익을 위해서 통일문제에 접근하면 북한이 당연히 반대를 하겠죠. 상대방의 협조와 동의를 얻어야 하니까 통일은 북한에게도 이익이 돼야 합니다. 북한 주민에게는 남한과 통합하면 너희도 먹고살기가 더 좋아진다, 지배 계층에게는 통합 이후에도 신분과 안전을 보장해 주겠다, 이런 설득이 필요합니다. 이를

'포용정책'이라고 표현할 수 있습니다.

우리가 결혼을 할 때, 상대방에게 나와 결혼하면 당신이 덕을 본다는 걸 보여줘야 해요, 아니면 손해를 보거나 별 이익이 없을 거라고 해야 해요? 이익이 된다는 걸 보여줘야 하잖아요. 막상 해보니 생각만큼은 아닐 수도 있지만, 결혼이 성립하려면 네가 덕을 볼 거라고 설득을 해야겠지요. 이것을 과장이나 거짓말이라고 생각하면 안 됩니다. 우리가 결혼 상대를 찾을 때 키가 작으면 신발을 높여서 키를 크게 만들고, 돈이 없으면 빌려서라도 지갑을 두둑하게 하고, 화장도 하고, 옷도 좀 좋은 것을 입고 그러잖아요.

그런 면에서 우리가 통일을 위해 북한에 일정한 지원을 하고, 적극적으로 협조해 나가는 것을 '퍼주기'라고 하는 것은 잘못된 표현입니다. '적극적 개입'이라고 표현하는 것이 맞습니다. 왜냐하면 한반도의 상황을 흘러가는 대로 그냥 두지 않고, 통일문제에 대한 주인 의식을 가지고 수세에 몰린 북한을 설득해 나가는 것이니까요. '너희는 맨날 퍼주기만 하고 상대가 어깃장을 놓는데도 굽신거리기만 하느냐'라고 하는 것은 구경꾼, 이웃 나라 사람들이나 할 말이에요. 우리는 국토를 통합해서 나라를 부흥시키고, 우리 국민의 이익을 추구하는 주인된 자세를 가져야 합니다.

청년들은 통일이 자신에게 이익이 될 때, 예를 들면 청년 실업 문제나 주거 문제 같은 어려운 문제를 해결해 줄 때 통일에 관심을 가지고 찬성할 겁니다.

앞에서 얘기했듯이 통일이 되면 청년들의 일자리는 반드시 늘어납니다. 지금 우리나라에 일자리가 없다고 하지만 동남아 등지에서 외국인 노동자들이 많이 들어와 있잖아요. 우리 청년들은 왜 그 자리에 가지 않을까요? 그건 자신들이 원하는 일자리가 아니기 때문이지요. 그런 것처럼 남북한 경제 통합이 되더라도 북한 주민들이 할 수 있는 일이 있고, 여러분들이 할 수 있는 일이 있어요. 남북은 교육 수준의 차이가 커서 일자리 중복이 많지 않습니다. 북한 개발을 하게 되면 중요하거나 기술이 필요한 일은 북한 사람이 하기 어려워요. 한 10년은 지나야 북한 사람들이 맡아서 할 수 있을 겁니다. 지금은 남한 사람이 가서 중요한 역할을 할 수밖에 없기 때문에 우리 일자리가 대폭 늘어날 거예요.

우리에게 통일은 손해나는 일이 아니라 일자리를 주고 국가를 발전시키고 경제를 도약시킬 수 있는 매우 중요한 일입니다. 이 점을 여러분들이, 또 청년들이 인식하지 못하기 때문에 통일에 무관심하고 누가 통일 이야기를 하면 '그거 나한테 손해 아니냐' 하며 반대하는 거예요. 우리 청년들이 생각을 조금 바꾸어야 한다고 생각합니다.

# 통일이 한국의 사회문제를
# 해결해 줄까요

**❝**

우리 사회에는 빈부격차, 인권의식 부재, 남녀차별과 여성혐오 등 수많은 문제가 중첩되어 있습니다. 통일이 우리 사회의 이런 문제들을 완화하거나 해결하는 데 기여할 수 있을지 알고 싶습니다. **❞**

이 문제는 통일과 별개라고 생각합니다. 통일이 된다고 해서 빈부격차가 해소되거나 남녀차별이 줄어든다는 보장은 없습니다. 반대로 빈부격차가 더 커지거나 남녀차별이 더 심해질 거라고도 이야기할 수 없습니다. 서로 다른 문제예요.

통일된 국가가 남한 정도만 되어도 북한 주민들 입장에서는 먹고살기도 나아지고, 인권도 신장되고, 남녀차별도 많이 줄어들 겁니다. 남녀차별을 예로 들면, 북한은 법률상 남녀차별은 없지만 관습적으로는 심한 편입니다. 그것은 사회주의 제도와 관련이 있는 것이 아니고 봉건시대의 관습이 그대로 남아서 그렇습니다. 부부가 길을 걷는데 여자는 보따리를 등에 매고, 머리에 이고, 양손에 들고 가는데 남자는 빈손으로 가요. 그게 양반 남자의 체면 때문에 그래요. 또 북한주민들이 먹고살기 어려워 장마당이 처음 생기던 시기에는 길거리에서 장사하는 것이 체면을 손상시킨다고 생각했기 때문에, 남자들은 못하고 여자들과 애들이 장마당에 나갔습니다. 여자가 고생고생 하면서 장사하는데 남자는 안 도와줍니다. 장사하는 것을 천하게 여겼던 봉건시대의 문화가 남아 있어서 그렇습니다. 지금은 장마당이 보편화되어서 분위기가 조금 바뀌기는 했지만요.

통일문제와 질문자가 말한 빈부격차, 남녀차별, 인권 등의 문제 해결은 별개이므로 앞으로 우리가 관심을 가져야 할 것은 '통일을 한다면 통일한국을 어떤 모습으로 만들 것인가' 하는 문제입니다. 빈부격차와 남녀차별이 적어지고 인권이 신장된 나라를 우리가 만들어야 하는 것이지, 통일 자체가 그것들을 보장해 주지는 않아요.

지금 통일을 하면 노동자가 이익을 볼까요, 재벌이 이익을 볼까요? 재벌이 훨씬 큰 이익을 봅니다. 그래서 재벌이 통일을 찬성하고, 통일 과정에서도 중요한 역할을 할 확률이 높습니다. 이전에는 주로 노동자들이 북한과의 관계를 개선해야 한다고 하고 재벌은 반대했지만, 지금은 재벌이 더 이익을 볼 수 있는 구조이기 때문에 찬반이 뒤바뀌기 쉬워요. 통일 이후에는 그동안 쌓아올린 여러 노동 조건이 악화될 위험이 있어서, 오히려 남한의 노동자들이 통일문제에 보수적일 가능성이 있습니다. 외국에서도 중동 등의 난민 입국을 가장 격렬하게 반대하는 계층이 노동자들이에요. 반대로 재벌은 잉여자금의 투자처와 값싼 노동력 확보라는 유리한 측면이 있기 때문에 통일에 반대할 이유가 없습니다.

만약 재벌이 통일에 앞장서면 통일된 국가는 재벌 위주의 경제구조를 가져 빈부격차가 지금보다 더 심해질 것이고, 시민이 통일에 앞장서면 통일 후 지금보다는 빈부격차가 적어질 가능성이 높지요. 그래서 저는 시민들이 '통일만 하면 된다'고 생각할

게 아니라 '어떤 통일인가'에 많은 관심을 가져야 한다고 봅니다. 누가 주체가 되어 통일을 하느냐에 따라 통일 이후 사회 주도 세력이 달라집니다. 따라서 시민이 통일운동의 중심이 될 필요가 있어요. 이를 위해서는 통일 과정의 컨트롤타워 역할을 할 정부를 구성할 때 시민의 목소리를 가장 강력하게 반영할 수 있어야 합니다. 그렇게 구성된 정부가 통일정책을 펴 나가는 과정에서도, 대결이 아닌 평화를 추구할 때 적극 지지를 표명하는 등 시민들의 꾸준한 관심과 노력이 필요해요. 그래야만 우리 정부가 인권이 신장되고 빈부격차나 남녀차별이 줄어든, 즉 일반 시민의 이익을 보장하는 통일을 하게 됩니다.

# 정부와 시민들의 염원으로
# 만들어낸 베를린의 기적

**"**
어렸을 때 독일의 베를린 장벽이 무너졌다는 뉴스를 본 기억이
납니다. 독일 국민들이 큰 망치 같은 것을 들고 벽을 부수는 장면
이 아주 놀라워서 아직도 기억이 생생해요. 우리 국민들도 독일
국민들이 그랬던 것처럼 합심을 한다면 통일이 이루어지지 않을
까요? 우리가 통일을 이루는 데 독일로부터 배울 점이 무엇인지
궁금합니다. **"**

텔레비전에서 베를린 장벽을 부수는 장면이 막 나오고 하니까 독
일이 갑자기 통일을 이룬 것 같지만 그렇지 않습니다. 독일 통일
은 서독의 진보정당인 사민당이 집권했을 때 그 물꼬를 텄어요.
당시 사민당의 당수이자 서독 총리인 빌리 브란트가 소위 '동방

정책'을 통해 동독을 포용하는 정책을 펼쳤습니다. 처음에는 보수 야당인 기민당의 반대가 심했어요. 그러나 기민당이 정권을 잡게 됐을 때 다른 여러 정책은 사민당 정부 시절과 다르게 바꾸었지만, 동독에 대한 포용정책은 바꾸지 않고 오히려 지원을 더 늘렸습니다. 진보 정권에서 보수 정권으로 교체가 일어났지만 대對동독 정책은 그대로 계승한 거예요. 이게 바로 독일 분단 해결의 핵심입니다.

서독은 통일을 위해 여러 가지 정책을 폈습니다. 소련군이 동독에 주둔하고 있었는데, 당시 소련은 경제적으로 많이 어려웠어요. 그래서 서독이 소련에 많은 지원을 함으로써 주둔군의 철수를 유도했습니다. 이 과정에서 서독 정부만이 아니라 교회에서도 많은 지원을 했어요. 그리고 동독에 수감되어 있는 정치범들을 서독으로 데려오는 사업도 진행했습니다. 1962년부터 1989년 베를린 장벽 붕괴까지 27년간 정치범 3만여 명을 서독으로 데려왔습니다. 이 과정에서 정치범 한 명당 약 10만 마르크, 우리 돈으로는 5천만 원 정도를 지불했습니다. 서독 정부는 인도주의적 차원에서 이런 사업을 진행했지만, 결과적으로 동독 주민들이 억압적 공산 정권에서도 희망을 포기하지 않도록 했고, 정치범들의 다수인 지식인들이 동독을 떠남으로써 동독 체제가 약화되는 데에도 영향을 미쳤습니다.

또 동독에 많은 지원을 해주면서 동·서독이 서로의 방송을 볼 수 있도록 조치했습니다. 동독에서 서독 방송을 보고 서독에서도 동독 방송을 보는 것이죠. 이처럼 서독은 많은 양보와 지원으로 통일을 위한 기반에 엄청난 투자를 한 것입니다. 여기에는 막대한 비용이 들었겠죠? 그런데 이 정책의 많은 부분들을 보수 당인 기민당 정부가 했습니다. 진보 정부가 시작한 '동방정책'을 계승하면서 말이에요.

서독 정부가 이렇게 통일을 위해서 노력했지만 주변 환경은 독일 통일에 우호적이지 않았습니다. 특히 영국과 프랑스의 우려가 아주 컸습니다. 영국은 독일 통일로 유럽의 세력 구도가 바뀌면 영국의 지위가 약화되고 독일이 유럽 내 미국의 주요 파트너로 급부상할 것을 우려했습니다. 또 프랑스는 통일독일이라는 강국의 출현으로 자신이 주도하는 유럽 통합 프로젝트가 위태로워지는 것을 걱정했고요.

그래서 서독은 통일이 이루어진 뒤에도 유럽 연합 안에 남아 있을 것이고, 강화된 국력을 바탕으로 패권을 행사하지 않을 것이라는 점을 주변국에게 열심히 설득했습니다. 예를 들어 프랑스 인구가 6천만이고 통일독일 인구가 8천만이면 유럽 의회의 의원 수는 인구 비례니까 통일독일의 의석이 많은 것이 당연한데도 프랑스와 동일하게 하겠다고 제안했습니다. 또 빌리 브란트 총리가 폴란드를 방문해 유대인 위령비 앞에 무릎을 꿇고 사죄하고, 2차 대전 후 연합국에 의해 폴란드로 넘어간 독일 영토를 공식적으로 폴란드의 영토로 인정했습니다. 이러한 정책들을 통해 독일은 통일이 되어도 유럽 연합의 한 나라로 남아 있을 것이며, 과거 유럽에 막대한 피해를 끼친 나치 시절로 돌아가지 않을 것을 보여주며 주변국을 끊임없이 설득했습니다. 이런 행동들은 통일을 염두에 둔 서독 지도층의 결단이 있었기에 가능했습니다.

독일이 통일될 수 있었던 또 하나의 결정적 이유는 서독이 동독 주민들의 민심을 샀다는 점입니다. 동독 사람들이 서독이 펼치는 정책들을 보면서 이렇게 따로 사는 것보다 합해서 사는 것이 낫겠다는 생각을 하게 된 거예요. 특히 동독 주민들의 마음을 사로잡은 것은 통일하면 우리도 자동차를 가질 수 있다는 것과 유럽 여행을 마음껏 할 수 있다는 것이었다고 합니다. 이런 동독 주민들의 열망은 선거로 표출됐습니다. 1989년 동독 붕괴 이후, 총선거에서 동독 최초로 비공산주의 계열 정당이 정권을 장악합니다. 이것은 서독과 빨리 통일하자는 주장에 동독 국민들이 지지를 표명했다는 뜻이에요. 동독에 새 정부가 들어서자 서독과의 통일을 결정했고 오히려 서독이 너무 갑작스러워서 힘들어 했습니다. 즉, 서독이 온갖 정책으로 통일을 위한 준비를 꾸준히 했고, 통일을 위한 최종 결정은 동독 주민들이 한 것입니다. 서독이 힘으로 동독을 흡수한 것이 아니에요.

통일이 결정된 이후, 서독은 동독 사람들이 엄청나게 밀려오면 상하수도나 주택 문제 등이 심각해지니까 동독 마르크를 서독 마르크와 1:1로 교환해주는 정책을 폅니다. 실제로는 동독 마르크의 가치가 서독 마르크의 절반밖에 되지 않았는데도요. 그래서 서독으로 넘어가려던 사람들 가운데 많은 수가 일단 동독에 잔류하고 환전을 했습니다. 이때 1인당 환전액에 제한이 있었는데, 서민들은 별 상관이 없지만 소위 숨겨 둔 돈이 많은 공산당 간부들은 가진 돈을 다 환전하기가 어렵잖아요. 그러면 이들이 돈이 별로 없는 사람에게 수수료를 주고 자기 돈을 대신 환전해 달라고 했겠지요. 이런 식으로 10배, 20배를 환전해서 이익을 본 사람들이 있었어요. 그런데 서독이 이런 사실을 알고도 엄격하게 단속하지 않아서 동독의 지배층들도 상당한 이익을 누렸습니다. 그러니까 동독의 지배층들도 통일에 딱히 반대를 안 한 거예요. 이런 식으로 포용을 해서 통일이 오고, 안착을 한 겁니다.

물론 이 과정에서 비용이 많이 들었기 때문에 장벽으로 막고 못 넘어오게 하지 왜 그런 정책을 폈는지 비판하는 견해도 있었습니다. 스님도 당시 서독 장관이었던 분을 만났을 때 왜 그렇게 했는지 물어본 적이 있어요. 그러니까 그 사람이 "총을 들고 넘어오는 사람은 막을 수 있지만, 숟가락을 들고 넘어오는 사람은 막을 수 없다"고 대답하더라고요. 살기가 어려워 넘어오는 사람에게 총을 쏴서 막을 수는 없잖아요. 서독 입장에서는 동독 사람들이 난민처럼 밀려들어와서 사회보장비 지출이 급증하고 주택 문제 등 혼란이 유발되는 것보다는 일정 금액을 바로 지원해 주는 편이 낫다고 생각해서 그렇게 한 겁니다.

서독의 통일정책에 대해 찬반이 있었고, 많은 비용이 들었고, 통일로 인한 부작용이 있었다고 하지만 독일 사람들에게 '다시

분단 시절로 돌아가겠느냐'고 물으면 찬성할까요? 아닙니다. 독
일은 통일을 통해 EU 전체를 끌어안은 리더로서 세계의 중심국
중 하나가 됐습니다.

우리가 독일 통일을 그대로 따라하자는 건 아닙니다. 다만 우
리가 '서독의 국력이 강하니까 자연스럽게 흡수통일 했다'고 보
는 것은 잘못이에요. 서독이 통일에 엄청난 공을 들였기 때문에
서독 중심으로 통일이 된 겁니다.

우리는 어떻습니까? 통일에 별로 공을 안 들이고 있죠. 국민
들도 '북한이 한 대 때리면 우리는 열 대 때리자'는 의견에 지지
를 많이 보내잖아요. 이건 엄마가 애하고 똑같은 방법으로 싸우
는 것과 같은 것입니다. 통일을 하려면 힘이 세고 유리한 국면에
있는 쪽이 양보를 하고 포용을 해야 합니다. 그런 시각에서 대한
민국 정부가 자신감을 가져야 되는 거예요. 북한을 두려워하지
말고 자신 있게 포용하는 통일정책을 추진해야 합니다.

# 북한의 무력시위를
# 어떻게 봐야 할까요

❝
텔레비전을 보면 북한이 자기네 기념일에 열병식을 하면서 무기
를 쭉 늘어놓고 군사력을 과시하는데 그런 것을 보면 좀 두렵기
도 하고 우리가 이렇게 가만히 있어도 되나 하는 생각이 듭니다. ❞

북한이 그렇게 협박을 할 때, 즉 북한 내부적으로도 공포정치를
하고 남한과 국제사회를 향해서 군사력을 과시하고 위협적인 언
사를 하는 본심이 무엇인가를 파악해야 합니다. 북한은 지금 자
기 체제를 지키기 위해 안간힘을 쓰고 있는 상황이에요. 북한이
하는 위협적 행동은 '우리 체제를 붕괴시키려고 하면 우리도 가
만있지 않겠다'는 의사 표현이에요. 역설적이지만 북한의 열병
식은 공격 행동이라기보다는 방어 행동에 가깝습니다.

한국전쟁 당시에는 경제나 군사 면에서 북한이 남한보다 더 강했습니다. 그래서 우리가 많은 위협을 느꼈어요. 그런데 지금은 군사력에 있어서나 경제력에 있어서나 정치적 안정성에 있어서나 남한이 더 우위에 있지요. 그렇다면 지금 북한은 우리에게 '위협적 존재'가 아니라 '위험한 존재'라고 할 수 있어요. 예를 들어 뱀이 인간에게 위협적 동물입니까? 아니에요. 그러나 위험한 동물이죠. 그러면 호랑이는 어때요? 호랑이는 인간에게 위협적 동물입니다. 지금은 호랑이 자체가 없으니 사람이 호랑이를 두려워하는 시대는 아닙니다만, 한마디로 위협적인 것과 위험한 것은 성격이 서로 다르다는 겁니다.

예전의 북한은 우리에게 위협적 존재였기 때문에 우리 자유민주주의 체제가 북한의 전체주의적 공산주의에 점령되지 않도록, 남한이 북한에 흡수 통일되지 않도록 방어에 총력을 기울이고 또 두려워하는 것이 당연했습니다. 그러나 지금은 북한이 우리에게 단순히 위험한 존재이니까 그 위험성을 잘 관리하면 됩니다. 북한이 저렇게 무력시위를 하고 핵개발을 하면서 체제를 보전하다가 만약 심각한 위기에 처하면 보유한 무기를 실제로 사용할 수도 있겠죠? 그러면 우리는 큰 피해를 입잖아요. 이에 대해서는 당연히 방어를 철저하게 해야 합니다. 방심하면 안 돼요.

그런데 북한이 단순히 위험한 존재가 아니라 아주 위협적 존재라고 주장하는 견해에는 모순이 있습니다. 북한이 내일이라도 쳐들어오면 우리가 이길 수 없기 때문에 흡수 통일 당할 수 있다고 하면서, 다른 한편으로는 북한은 붕괴가 코앞이기 때문에 조금만 더 봉쇄하면 망해서 우리가 흡수 통일할 수 있다고 하잖아요.

이런 모순을 우리가 꿰뚫어 봐야 합니다. 북한은 더 이상 우리 체제를 위협하는 존재가 아니고 우리가 그 위험을 관리해 나가면 되는 존재에요. 그래서 위험 관리 차원에서 북한 너희가 공격하면 본때를 보여주겠다는 강경책도 필요합니다. 하지만 동시에 우리는 서로를 해칠 필요가 없다는 점을 보여주는 유화책도 필요해요. 여태까지는 이 유화책이 부족했습니다.

남북한 세력이 비슷하다면, '너희가 우리를 공격하면 우리는 열 배로 보복하겠다'는 쪽에 집중하는 것이 맞습니다. 그런데 우리가 우위에 있고 자신감이 있다면, 여기에만 집중하는 것보다 어떻게 북한이라는 위험 요소를 잘 관리하면서 앞으로 통일을 추진할지, 그래서 한반도의 안보 문제를 근본적으로 해결하면서 우리가 직면한 성장 절벽을 극복하고 발전을 이뤄낼지 고민해야 합니다. 그러나 우리는 북한에 대해 자신감이 결여되어 있어요. 한반도의 미래와 통일문제에 대한 주인 의식도 부족하고요. 이는 50년 전에 우리가 열세일 때의 트라우마가 남아 있기 때문이 아닐까 생각합니다.

# 한반도의 미래는
## 통일에서부터

# 통일의 열쇠는 대한민국에 있다

**"**
스님이 말씀하시는 북한과의 화해와 협력은 우리 정부가 예전에
했던 햇볕정책과 비슷한 것입니까? **"**

화해란 서로 싸우지 말자는 것이고, 협력이란 서로의 이익을 위
해서 교류하자는 것입니다. 이것은 남북이 서로 대등한 관계일
때 가능한 이야기입니다. 현재는 북한의 세력이 약해서 균형이
깨졌습니다. 그러니 통일을 하려면 남한이 중심이 될 수밖에 없
어요. 그런데 남한이 군사적으로나 경제적으로 북한보다 우월하
다고 전쟁 방식으로 밀어붙여 통일을 하려고 하면 북한도 그에
대응해서 싸울 겁니다. 북한하고만 싸우면 이길 수도 있겠지만,
뒤에 있는 중국의 개입을 반드시 고려해야 합니다. 중국이 개입

하면 미국도 자연스레 개입하게 되지요. 그렇기 때문에 강압적으로 밀어붙이는 방법은 무모한 짓입니다.

남한이 중심이 되어 평화적으로 통일하는 방법은 하나입니다. 바로 북한 주민들이 스스로 남한과 합치자고 하게 하는 방법입니다. 그래서 통일을 위해서는 북한 주민의 지지를 받아야 해요. 남한이 중심이 되고도 통일이 가능하려면, 그것도 평화적 방식으로 가능하려면 북한 주민의 의지가 중요합니다. 북한 사람들의 마음이 남쪽으로 기울어야 한다는 것이지요. 북한이 남한과 합치자고 스스로 선택하면 평화적인 통일은 가능해요.

그러려면 첫째, 지금 배고픈 북한 주민들에게 먹을 것을 지원해야겠지요. 그 중에 일부는 군대에서 먹는다고 해도, 식량 지원 문제를 통일을 위한 방안으로서 아주 중요하게 생각해야 해요. 인류애로 북한을 도와줘야 합니다. 쌀도 보내주고 남한의 물자들도 보내줘야 해요.

둘째는 북한에서 먹고사는 문제가 해결된 중산층은 식량을 준다고 해도 마음이 바뀌지 않습니다. 이 사람들은 한국 옷, 신발 같은 한국 제품으로 마음을 사로잡아야 합니다. 북한 장마당에 중국 제품보다 한국 제품이 더 많이 유통되고, 품질도 더 우수하면 자연스레 한국을 좋아하게 되지요. 이왕 개방할 바에는 중국보다는 한국과 협력하는 게 낫다고 생각하게 됩니다. 그러니 개성공단에 있는 물품이 오히려 북한에서 많이 팔리도록 가격을 낮추거나 해서 한국의 우수한 상품이 북한에 널리 퍼지도록 하는 전략이 필요합니다.

셋째는 통일이 되면 북한의 권력층은 지위를 잃겠지요. 그러니 중국에 의존해서라도 정권을 유지하려고 할 겁니다. 따라서 우리가 감정적으로 받아들이기는 어렵지만 통일을 하려면 이들의 신분보장을 해줘야 하고, 일정기간 체제도 보장해줘야 합니다. 그래야 이들까지도 끌어안을 수 있습니다.

이럴 때 판단을 감정적으로 해야 할까요, 이성적으로 해야 할까요? 더 큰 미래의 이익을 위해 통일을 하려면 이성적으로 판단하고, 감정적으로 거슬리는 점들도 수용해야 합니다. 위에서 설명한 방법이 과연 모두의 마음에 들까요? 아마 모두의 마음에 들기는 어려울 겁니다. 그러나 통일을 하려면 이런 방법이 필요합니다.

이 방법은 햇볕정책과는 다릅니다. 햇볕정책은 서로 대등한 관계를 전제로 하는 것이고, 제가 생각하는 화해와 협력은 대등한 통일이 아닌, 남한을 중심으로 통일의 기회를 찾고자 한다는 데에 차이가 있습니다.

# 아이들에게 통일을 어떻게
# 안내하면 될까요

66

저는 중학교에서 도덕을 가르치는 교사입니다. 학교 현장에서는 통일 교육을 도덕 교과에서 중점적으로 담당하는데요, 제가 학생들에게 통일의 필요성을 가르칠 때 인권을 많이 강조합니다. 북한의 비인간적이고 비민주적인 정치상황, 굶주림으로 고통 받는 아이들 이야기를 해주면 학생들이 그 고통에 공감하고 안타까워 합니다. 그런데 학생들이 수업을 듣고 나서 북한 아이들과 아프리카의 굶주리는 아이들이 어떻게 다른지를 묻습니다. 다르지 않다면 북한에 구호물품만 지원해 주면 되지 왜 굳이 통일을 해야 하냐는 질문을 할 때도 있는데, 이런 생각을 하는 학생들에게 어떤 답을 해줘야 할지 궁금합니다.

또 통일에 관해 설문조사를 하면 절반 정도의 학생이 찬성하는 반도 있고, 30퍼센트 정도만 찬성하는 반도 있습니다. 통일을 학생들에게는 북한 아이들이나 아프리카 아이들이나 다 똑같습니다. 그 아이들을 우리가 돕자는 말은 맞지만 통일 교육으로는 적합하지 않습니다. 그건 어쩌면 통일을 더 멀어지게 할 수 있습니다.

통일에 반대하는 아이들이 많은 것은 당연한 일입니다. 텔레비전을 보면 북한이 미사일을 발사했다, 핵실험을 했다는 나쁜 소식만 나오고 또 북한 사람들이 굶어 죽는다, 인권을 탄압한다, 이런 것들만 듣고 자랐잖아요. 학생들 입장에서는 맨날 문제만 일으키는 가난한 나라하고 통일을 하면 우리도 못 살게 되는 건 아닐까 생각할 수 있습니다. 그러니 통일을 반대할 수밖에요.

최근에 제가 대학생들을 데리고 중국에 있는 고구려 유적지를 탐방했습니다. 거기서 다같이 〈우리의 소원은 통일〉을 불렀는데, 절반이 그 노래를 몰라요. 또 한번은 지방에서 통일 관련 행사를 했는데, 마지막 순서로 초등학생 아이들이 30명 정도 무대로 나와서 손잡고 〈우리의 소원은 통일〉을 불렀거든요. 그런데 마이크를 잡은 두 아이 빼고는 아무도 그 노래를 몰라서 같이 부르지를 못 했어요. 끝나고 아이들에게 물어보니 그런 노래를 배운 적이 없다는 거예요. 지금 상황이 이렇습니다. 학생들이 통일에 대해서 배우지도 않았고 관심도 없습니다. 이런 상황에서 학생들에게 '통일하면 좋겠니?' 하고 물으면 반대하는 학생들이 많은 것이 당연합니다.

학생들에게 통일의 필요성을 느끼게 하려면 그런 이야기보다는 우리나라에서 기차를 타고 시베리아를 횡단해 유럽까지 갈 수 있고, 부산에서 백두산까지 걸어서 여행할 수 있고, 또는 경의선 타고 서울에서 평양까지 오갈 수 있다는 등의 이야기를 해줘야 합니다. 청소년들에게는 그들이 볼 때 참 좋겠다, 재밌겠다는 생각이 들도록 해야지, 북한의 인권이나 굶어죽는 이야기를 하면 동정심은 생길지 몰라도 통일이 자기와 직접 관련된 이야기는 아닌 것이 됩니다. 질문자는 통일 교육을 한 것이 아니라 굶어죽는 사람을 도와야 한다는 도덕 교육을 한 셈입니다.

통일 교육은 청소년들에게 비전과 희망을 주는 쪽으로 접근해야 해요. 같은 민족이니 통일을 해야 한다거나 이산가족은 서로 만나야 한다는 식의 이야기를 하면 청소년들은 피부에 와 닿지 않아 잘 이해할 수가 없습니다. 이산가족을 잘 알지도 못 하고, 북한 사람들이 우리와 같은 민족이라는데 태어나서 단 한 번도 본 적이 없으니까요. 나이 든 세대들은 북한을 욕하더라도 같이 살다가 갈라진, 같은 민족이라는 의식이 있지만 청소년들은 그렇지가 않습니다. 그러니 청소년들에게는 그들에게 직접 와 닿을 수 있는 것을 이야기해줘야 합니다.

# 통일을 풀어나가는 대한민국의 길

❝
통일을 이루기 위해 서로의 문제를 풀어갈 수 있는 묘안이 있을
까요? 특히 남한의 입장에서 주변국의 상황을 고려하며 동시에
남북관계도 풀어갈 수 있는 전략이 있다면 알고 싶습니다. ❞

우리가 통일을 추진하려면 먼저 통일을 할 만한 주위의 조건이
됐는지 봐야 합니다. 농사꾼이 때를 보고 씨를 뿌리듯이 주위의
정세가 한반도의 통일 환경으로 적절한지, 즉 씨를 뿌릴 때가 되
었는지가 중요합니다. 아무리 농사일이 바쁘더라도 1월에 씨앗
을 심으면 안 되잖아요. 그리고 봄이 왔어도 씨를 안 뿌리면 농사
가 안 되겠죠? 씨를 뿌리는 자의 능력을 주체 역량이라고 한다면
우리 내부에 통일을 추진할 주체 역량이 있는지도 중요합니다.

이렇게 주위의 조건과 주체 역량, 이 두 가지가 다 갖추어져야 통일을 이룰 수 있어요.

과거에 우리가 '우리의 소원은 통일'이라고 외치며 아무리 열심히 노력해도 통일이 안 된 것은 주어진 주변 조건이 무르익지 않았기 때문이라고 볼 수 있어요. 그래서 많은 사람들이 고생을 하고 희생만 치렀지요. 그런데 지금은 주변 환경은 봄이 왔는데 겨울 내내 씨를 뿌리다가 농사가 도무지 안 되니까 농사꾼들이 다 지쳐 도망을 가버렸어요. 즉 주변 환경은 통일에 유리한데 통일을 추진할 주체 역량이 없습니다. 예전에는 통일 주체 역량은 있었으나 환경이 뒷받침되지 않았고, 지금은 통일을 위한 환경은 조성됐지만 이를 주도할 세력이 없는 상황입니다.

이전에는 통일의 주체 역량이 두 군데 있었습니다. 첫 번째는 우리 시민사회 안에 강력한 통일운동 세력이 있었고, 두 번째는 통일을 주장하는 북한 정부였죠. 물론 북한 정부의 주장은 우리가 그대로 받아들이기 어려운 것이었지만 어쨌든 한반도 안의 통일 주도 세력 중 하나였습니다. 그런데 사회주의권이 몰락하고 북한이 체제 위기에 빠지면서 지금은 자기 체제 지키기에 급급하죠. 그래서 말로는 통일을 이야기 하지만 사실은 통일을 주도할 주체 역량이 되지는 못합니다.

그리고 우리 시민사회에서 통일운동을 주도하던 세력들은 약간의 사회주의적 이상을 갖고 있었습니다. 그런데 사회주의권이 완전히 몰락하면서 남한 사회 내의 통일운동 세력도 1990년대 이후 급격히 와해되어 버렸습니다. 그리고 통일운동이 평화운동으로 바뀌었어요. 평화운동은 좋게 말하면 한반도가 평화로워야 한다는 것이지만 그 이면에는 분단 상태라도 평화를 유지하는 것이 통일보다 중요하다는 견해가 담겨 있습니다. 그래서 지금 한반도에는 통일 주체 세력이 없습니다. 이런 공백 상태를 북한 붕괴론에 입각하여 흡수통일을 주장하는 극우파가 메꾸고 있는 형국입니다.

다음은 통일의 외부 환경을 살펴봅시다. 지금 세계는 사회주의권이 몰락하고 미국이 초강대국으로서 국제정세에 막대한 영향력을 발휘하고 있습니다. 그런데 10년 전부터 중국이 급격하게 부상해서 점차 미국과 중국이 경쟁하는 구도로 변화해가고 있어요. 미국은 패권을 지키려 하고 중국은 새로운 질서를 요구하고 있습니다.

과거 역사를 보면 세력 교체기에는 항상 전쟁과 같은 충돌이 일어났습니다. 그런데 지금은 시대가 달라져서 미·중 세력 경쟁이 전쟁으로 귀결된다고 단정할 수는 없어요. 그리고 강대국의 세력 교체기에는 가운데 끼어 있는 나라들이 큰 고통을 당하는 경우가 많았습니다. 과거 사례를 보면 강대국의 식민지가 되거나 강제로 분할이 되기도 했어요. 그러나 우리가 잘 대응하면 미·중 세력 교체기를 이용해 통일을 이룰 수도 있으니, 위기인 동시에 기회인 셈이죠.

우리 역사를 보면 중국이 명나라일 때 조선은 완전한 친명親明 국가였죠. 만주족이 청나라로 일어났을 때, 조선은 청나라를 완전히 무시했잖아요. 그래서 명·청 세력 교체기에 대응을 잘 하지 못해 병자호란이라는 큰 화를 입었습니다. 그리고 청나라 치세에서 서세동점西勢東漸의 시대가 왔을 때 일본은 서양에 문호를 열어 빨리 발전했고, 우리는 친일파와 친청파가 대립하다가 청일전쟁에서 일본이 승리하자 일제 식민지로 전락해 버렸습니다. 일본의 식민지가 되면서 이번에는 친일파들의 세상이 됐죠.

그렇게 우리가 일제 치하에서 살다가 일본이 미국과 전쟁을 했고 미국이 승리를 거뒀습니다. 일본의 시대가 가고 미국의 시대가 온 거예요. 그때 미국과 소련이 연합국으로서 승전국이니까 일본의 식민지인 한반도를 어떻게 할 것이냐를 논의했습니다. 일본 본토는 미국이 이겼으니 미국이 관할하고, 만주는 소련이 관할하고, 한반도는 미국과 소련이 서로 관할하겠다고 다투니까 어쩔 수 없이 38선을 그어 남쪽은 미국이, 북쪽은 소련이 관할하는 걸로 되었지요. 그래서 한반도가 분단된 것 아닙니까. 이렇게 과거 세력 교체기에는 큰 충돌을 빚으면서 힘의 교체가 일어났고, 우리는 식민지 지배와 분단의 고통을 겪었습니다.

한편 주변국 세력 변화를 건국의 기회로 삼은 경우도 있습니다. 원·명 세력교체기에는 고려의 신진세력이 원에 치중된 기득권 세력을 축출하기 위해 명나라와 손을 잡았고, 득세하는 데 협조를 했기 때문에 조선 건국 후에 명나라와의 갈등이 없었습니다. 이건 마치 분단 초기에는 북한이 남한보다 강했는데 미·소 경쟁에서 미국이 이기니까 거기에 줄을 선 우리가 큰 이익을 누린 것과 비슷합니다. 우리가 이렇게까지 성장한 데에는 미국의 덕이 컸지요. 만약 앞으로 시간이 흐르면서 미·중 경쟁에서 중국이 승리하고 미국이 가라앉는 상황이 온다면 친미국가인 우리가 쇠퇴하고 거꾸로 북한은 중국의 등에 업혀 크게 성장할지도 몰라요. 세력 교체기에는 이렇게 많은 변화의 가능성들이 열려 있습니다.

이런 차원에서 보면 세력 교체기에 직면한 우리가 어떻게 하느냐에 따라 분단을 극복하고 통일을 이룰 수도 있고, 분단을 더 고착화시킬 수도 있습니다. 배후에 있는 두 거대 세력의 힘이 비슷하면 그 사이에 끼어 있는 나라는 전쟁을 할 확률이 높아져요. 또다시 한반도가 두 세력이 부딪치는 전장이 되고, 남북이 아예 두 개의 독립국가로 자리 잡을 가능성도 있습니다.

우리가 통일을 하지 못한 채 시간이 지나면 남북이 각각 미국과 중국으로부터 받는 압박이 강해질 겁니다. 미국은 중국 견제를 위해 일본을 파트너로 결정했고, 전범국이자 패전국인 일본이 그 굴레를 벗고 보통국가화 하는 것을 지지하고 있습니다. 보통국가가 된 일본은 자위대를 방어 목적만이 아닌 정식 군대인 국방군으로 운용할 수 있으므로 자체 무장을 강화하면서 미국의 동아시아 전략을 지원하고 있어요. 즉 일본이 과거에 미국과 종속적 동맹을 맺고 있었다면, 지금은 자주적 동맹 관계로 격상되었습니다. 그리고 미국은 미·일 동맹에 한국까지 포함시키기 위해 '한일군사정보보호협정'을 맺도록 하고, 남한 내에 사드 배치도 추진했습니다. 이 과정에서 많은 반대가 있었지만 미국의 적극적 태도와 우리 정부의 협조로 한일군사정보보호협정도 맺어졌고 사드 배치도 일부 완료됐지요. 그 과정에서 중국은 우리가 미국에 협조하지 않도록 적극적으로 견제하고 나섰고, 동맹국인 미국은 우리 정부를 압박했죠.

이런 국면에서 우리가 미국의 동아시아 전략에 협조하면 할수록 중국은 '한국 정부를 우리 쪽으로 포섭해 보려는 시도가 소용없다'라고 생각하고, 한반도를 미·중 사이의 중립지대로 두기 위해 북한을 끌어안을 수밖에 없습니다. 그런데 현재 북한은 자주 노선을 강조하기 때문에 중국에 완벽히 협조하고 있지는 않아요. 중국은 북한이 중국식 개혁개방을 해서 경제개발을 이루고, 이 과정에서 친중 정권이 세워져서 중국의 통제를 받기를 원하죠. 북한이 이렇게 중국에 완전히 기울어지면 중국은 북한에 경제 지원도 해주고 안보도 뒷받침해줄 겁니다. 그런데 북한은 국방도 사주적으로 하고, 정치도 누구의 간섭을 받지 않겠다고 하고, 경제도 국제제재 아래에서 자력갱생을 외치고 있습니다. 사실 경제적으로는 상당한 위기감을 느끼고 있을 가능성이 높지요. 그런데 북한이 만약 체제가 무너질 정도가 되면 어떤 선택을 하게 될까요? 현재 정권이 자주를 포기하고 중국으로 기울어지든지, 내부에서 쿠데타가 일어나 친중 정권이 세워지든지 북한은 큰 위기가 오면 결국 중국에 의존할 수밖에 없습니다. 이렇게 되면 통일은 정말 어려워집니다. 지금은 우리가 미국과 협력하고 북미 관계를 중재하며 남북관계를 풀어나가면 되는데, 북한이 중국에 기울어버리면 중국까지 설득해내야 해요. 우리가 과연 미국과 중국의 이해관계를 조정해낼 수 있을까요? 한반도에 미군이 주둔하는 상태에서 통일이 되면 중국과 국경선을 맞대는 곳에 미군이 존재하게 되는데 중국이 여기에 수긍할까요? 이건 매우 어려운 일입니다.

지금 우리는 중요한 기로에 있습니다. 여기서 남북이 협력하는 방향으로 나아가면 미·중 세력 교체기를 이용해 통일을 이룰 기회가 될 것이고, 그렇지 않으면 국제 정세 변화에 휩쓸려 한반도가 위험한 상황에 빠질 수 있어요. 즉 지금 우리는 위기인 동시에 기회를 맞이하고 있습니다. 이런 상황에서 미·중·일·러·남·북 6개국 중 누가 통일의 주체가 될 수 있을까요? 당연히 미·

중·일·러는 꼭 통일이 돼야 한다는 입장이 아니에요. 그저 한반도 상황이 자국에 이익이 되면 그만입니다. 북한도 체제 유지에 급급해서 통일에 관심이 없습니다. 거기에다 우리 남한까지 통일 주도 세력이 없으니, 통일이 어려운 것은 당연합니다.

통일을 이루고자 한다면 남한이 주체세력으로 적극 나서야만 합니다. 우리는 경제 역량도 통일을 담보할 만하고 한미 관계를 감안해도 미국을 설득할 수 있고, 한중 관계를 보아도 중국을 어느 정도 설득하고 협조를 이끌어낼 수 있습니다. 북한은 경제 역량이 부족한 것은 말할 것도 없고, 국제적 위상 등을 감안했을 때 미국을 독자적으로 설득해 내기 어려워요. 우리에겐 시간이 많지 않습니다. 정권의 변화에 상관없이 우리가 남북 교류를 이어왔으면 지금 운신의 폭이 조금 넓었을 겁니다. 앞으로 시간이 지날수록 통일을 이룰 확률은 점점 떨어질 거예요. 이걸 뒤집으려면 우리 정부가 중심이 되어 통일을 강력하게 추진해야 합니다.

그렇다면 우리가 한미동맹을 강화하되 그 성격을 약간 변화시켜야 합니다. '통일문제에 있어서는 한국이 주도권을 쥐고 미국은 동맹으로서 이를 지원한다', '한반도 문제에 있어서는 한국의 이익을 우선한다'는 것이 한미동맹에서 관철돼야 해요. 대신 한반도 외의 지역에서는 미국의 이익을 최우선으로 하고 미국의 세계 전략에 우리가 적극 협조해야겠죠. 지금은 한반도에서 미국의 대對중 봉쇄전략이 우선이지 한국의 평화와 통일이 우선이라고 보기 어렵습니다. 이것을 종속적 한미동맹에서 자주적 한미동맹으로의 전환이라고 부를 수 있습니다. 여기에는 상당한 외교 역량이 필요합니다만, 통일에 대한 철학과 관점이 분명한 지도자가 있으면 이렇게 해 나갈 수 있습니다.

중국과의 관계도 잘 관리해 나가야 해요. 북한이 중국에 완전히 기울어버리면 통일은 매우 어려워집니다. 지금 중국은 조어도나 남사군도를 두고 벌이는 영토 분쟁, '하나의 중국'을 위한 대만과의 통일, 티베트 독립 저지, 자국 경제발전과 산적해 있는 여러 국내 문제 해결 등 최우선으로 신경을 써야 할 문제들이 많아서 한반도 상황에는 개입할 여력이 없어요. 그렇게 때문에 한반도 문제는 중국이 절대 양보하거나 포기하지 않는 '핵심 이익'이 아닙니다. 그런데 만약 시간이 흘러서 한반도 문제에 적극 개입할 여력이 생기고, 미국과의 대립에서 남북한을 완충지대로 쓰기 위해 북한을 적극 끌어안으며 북한 정권도 중국에 의존하는 상황이 되면 통일은 요원해집니다. 그래서 시간이 더 흐르기 전에 우리가 기회를 잡아야 해요. 한반도의 평화 통일이 중국의 이익과 향후 안정적 발전에 도움이 된다고 설득을 해야 합니다. 중국을 설득하기 위해서는 일단 우리가 통일을 이루기까지 중국보다는 미국과의 관계에 큰 비중을 두어야 합니다. 통일 이후에는 미·중 사이의 중간 지대로 약간 자리를 옮기는 전략을 써도 좋습니다만, 지금은 한미동맹이 견고하지 않으면 우리 힘만으로 중국을 견제하면서 설득해 내기가 어려워요.

북한과의 관계는 현재 상태를 인정하는 데서 출발할 수밖에 없습니다. 우리 욕심으로야 북한이 당장 핵 폐기하고, 경제 개방하고, 인권 침해도 멈추고 협상과 교류를 시작하면 좋겠죠. 그런데 부부 사이에도 남편이 아내 뜻대로 안 되고, 부모자식 사이에도 자식이 부모 뜻대로 안 되는데, 어떻게 적대관계인 북한이 우리 마음대로 되겠어요. 지금 북한은 자기 체제를 유지하는 것이 최대 목표니까 그걸 인정하는 바탕에서 통일을 추진해 나갈 수밖에 없습니다.

북한이 체제 유지의 핵심으로 여기는 핵무기 문제에 있어서는 일단 '더 이상의 개발은 중지한다'를 출발점으로 삼아야 합니다. 즉 핵물질 확대, 핵기술 발전, 운반 수단 고도화를 모두 중지하고, 제재를 풀면서 북한과 협상을 진행해 나가 결국 핵 폐기를 최종 목표로 삼아야 해요. 이것은 미국과 북한이 협상해 나가야 합니다. 한국이 단독으로 해결할 수 있는 문제는 아니에요.

다만 북미 협상 과정에서 우리는 대북제재를 이행하되, 동시에 인도적 지원이나 교류 등으로 통로를 열어 두어야 합니다. 그래야 어떤 변화가 일어날 때 북한이 우리 쪽으로 기울어질 수 있어요. 중국은 이미 그렇게 하고 있습니다. 국제사회의 일원으로서 대북제재 이행은 하되 북한과의 관계를 일정 수준 이상으로 유지하고 있죠. 그런데 우리는 문을 완전히 닫아두었으니까 북한에 급변사태가 있다거나 하면 중국 쪽으로 기울 확률이 높은 상태입니다.

제가 지금 이야기한 것들을 민간 차원에서 풀어나갈 수는 없습니다. 민간단체가 북한과 체육대회를 열고 인도적 지원을 한다고 분단 문제가 해결되는 것이 아니에요. 통일은 고도의 정치적 결단이 필요하고, 전쟁의 위험을 대비한 안보 노력도 필요하고, 국제사회의 협력을 얻어야 하기 때문에 외교 차원의 고려도 있어야 합니다. 또 국민 다수의 지지를 받기 위한 국민 통합적 노력도 필요합니다. 이걸 할 수 있는 것은 국가의 미래를 생각하는 통일 추진 정부밖에 없습니다.

그리고 통일 추진 정부가 통일정책의 성공을 거두기 위해서는 국민의 지지가 필요해요. 진보나 보수 한쪽의 지지만을 바탕으로 통일정책을 펼쳐서는 안 됩니다. 만약 진보 정부가 통일정책을 추진한다면 중도 보수까지 지지를 받아야 하고, 반대로 보수 정부는 중도 진보까지 동의할 수 있는 정책을 펴야 해요. 그래서 많은 국민의 지지를 받을 수 있는 통일정책은 어느 쪽이 정권을 잡든지 그 내용에 큰 차이가 없을 겁니다. 왜냐하면 보수가 집권해도 중도 진보까지 설득해야 하고, 진보가 집권해도 중도 보수까지 지지자로 만들어야 하니까 한쪽으로 치우쳐서는 안 되잖아요.

그래서 통일문제에 있어서는 진보와 보수, 여와 야의 구분을 하지 말고 누가 합리적으로 통일문제를 해결할 수 있는지를 중심에 놓고 평가를 해야 합니다. 그래야 우리가 통일을 바라볼 수 있어요. 그렇게 국민의 지지를 받는 정부만이, 또 강력한 통일 추진

의지를 가진 정부만이 중국과 미국을 설득하고, 북한과 협상하고, 안보도 지키고, 국민 여론 분열과 갈등도 막고, 인도적 지원을 통해 북한 주민의 민심도 사는, 이 모든 것을 해낼 수 있습니다.

# 통일세를 걷으면 어떨까요

**"**

우리가 통일을 하게 되면 그 비용이 엄청날 것이라고 하는데 정부, 국회, 시민들 누구도 이 문제를 심각하게 받아들이지 않고 통일을 관념적으로만 생각하는 것 같습니다. 이제부터라도 우리가 범국민운동 같은 것을 전개해서 통일세를 신설해야 하지 않을까요? 이를 통해 통일 자금을 마련해서 통일에 대비해야 하지 않을는지요? **"**

세금 내는 것을 좋아하는 사람은 없습니다. 비록 좋은 의도라도 세금을 내자고 국민운동을 하면 지금도 살기 힘든데 무슨 통일세까지 내냐고 할 겁니다. 성공할 수가 없어요.

통일 비용을 마련하자는 것은 아직 아이도 없는데 미리 교육비를 저축하자는 것과 같습니다. 아직 결혼도 하지 않았는데 아이의 교육비를 모으자는 소리예요. 지금 가장 중요한 것은 통일을 해야 한다는 목표를 정하는 것입니다. 비용 이야기를 하기 전에, 정부가 통일을 하겠다는 방침을 정하는 것이 첫 번째예요.

질문자가 말한 것은 이명박 대통령 때 통일부가 추진했던 정책과 비슷한 내용입니다. 당시 이명박 정부는 남북관계를 파탄 지경으로 만들어 놓고는 '통일 항아리'라고 해서 남북통일을 대비한 자금을 미리 모으자는 운동을 했습니다. 그때 통일부 장관이 저를 만나서, '스님은 통일 운동과 북한 돕기에 가장 앞장서는 분이니까 통일 자금을 미리 마련하는 이 운동을 함께 하자'고 제안했어요. 제가 그걸 거절하면서 제 생각을 이야기했습니다. "통일을 위한 발걸음을 내딛으면서 돈이 필요한 상황이 돼야 국민들에게 세금을 걷고 모금을 하는 것이 설득이 되지, 남북관계가 파탄 난 상황을 만들고는 통일 자금을 모은다니 무슨 소리냐. 아무런 설득력이 없어서 국민들이 호응하지 않을 것이다. 실패한 정책이 될 수밖에 없다"고요. 그런데 지금 어때요? 통일 항아리는 어디에 있는지도 모를 실패한 정책이 되었지요.

지금 중요한 것은 통일 비용이 많이 드니까 돈을 모으자고 국민에게 호소하는 것이 아닙니다. '대한민국이 통일을 하겠다'는 방침이 먼저 정해져야 해요. 이 방침 아래 일단 남북이 만나 논의를 하고 당장 할 수 있는 것들, 서로에게 이익이 되는 일들부터 해 나가는 것이 먼저입니다. 이런 큰 방침 아래에서 그 다음 과정들을 순리대로 해 나가면 됩니다.

# 시민으로서 무엇을 할 수 있을까요

저는 여섯 살 남자 아이를 키우는 엄마입니다. 지금 휴직 중인데 우연히 법륜 스님의 즉문즉설을 알게 됐고, 특히 통일에 대한 스님의 말씀을 듣고 통일문제에 많은 관심이 생겼어요. 스님은 통일을 위해 '좋은벗들'과 '평화재단'을 설립해서 활동하고 계시고, 또 통일의병도 만들어서 활동하고 계시잖아요. 저도 통일에 뭔가 도움이 되고 싶은데 평범한 국민의 한 사람인 제가 무엇을 할 수 있을까요? 💬

특별히 할 수 있는 일이 없어요. 그러면 아마 반론을 제기하겠죠. "할 수 있는 일이 없다면서 스님은 왜 통일 강연하고 통일의병을 만들어서 활동하고 그럽니까?" 하고요.

제가 북한 관련 활동으로 제일 먼저 시작한 것은 북한의 인도적 지원이었습니다. 그 다음에 인권 사정이 너무 열악하다는 것을 알고 북한 인권 운동을 했고, 인권 상황 개선도 평화가 오지 않는 한은 어렵다 싶어서 평화 운동을 했습니다. 평화 체제가 구축되어서 북한이 느끼는 체제 붕괴 압박이 좀 적어져야 자체적으로 인권 문제나 인도적 문제를 개선해 나갈 것이기 때문이에요.

이런 활동들을 해본 결과, 통일을 전제로 해야 이 모든 것이 해결될 수 있지, 통일의 관점에 서지 않는 활동은 일종의 대증요법, 즉 굶어죽는 사람에게 당장 먹을 식량을 얼마간 지원해주는 정도에 그칠 수밖에 없다는 것을 알게 됐습니다. 지난 20년 동안 통일 관련 활동 반경을 넓혀 나갔고, 민간 차원에서 미국에 가서 관련 기관을 설득하고, 일본과 교류하고, 중국에서 관련자를 만나 이야기도 하고, 독일에 가서 유럽의 관련자들과도 논의해보고, 민간 차원에서 할 수 있는 활동들은 모두 해 보았는데 한계가 있었습니다. 우리 정부가 남북관계를 풀고 통일을 추진하던 때에는 미국 정부가 통일에 방해가 되는 정책을 편다면 미국에 항의하고 설득도 하고, 이야기할 게 있어요. 그러나 우리 정부가 남북관계를 파탄 내고, 인도적 지원을 거부하면 민간 차원에서는 한반도 안과 밖 모두에서 할 수 있는 게 아무것도 없었습니다.

　미·중·일·러 등 주변국은 한반도의 통일을 원할까요? 그렇지 않습니다. 미국은 중국을 봉쇄하는 자신들의 동아시아 전략에 한반도를 어떻게 이용할 것인가에 관심이 있고, 중국은 반대로 한반도를 지렛대로 어떻게 미국의 압박을 뚫고 동아시아에서 패권을 차지하고, 나아가 세계 최고의 강대국으로 굴기崛起할 것이냐에 관심이 있죠. 일본은 미국의 동아시아 전략에 편승해서 한반도 상황을 빌미로 보통국가화를 통한 군사력 강화에 집중하고 있고, 러시아는 자신들이 잃어버린 동아시아에서의 영향력을 어느 정도 회복하고자 한반도 상황에 한 축으로 끼려고 해요.

　가만히 보면 각 나라마다 목표가 있어요. 그런데 대한민국은 어떤 목표가 있습니까? 우리가 미래를 위해 어떤 목표나 전략을 정해서 꾸준히 노력하고 있습니까, 아니면 정권이 바뀔 때마다 갈팡질팡하고 있습니까? 지금까지 대한민국 국민이나 정부는 통일문제에 별로 관심을 가지지 않았습니다. 말로만 '우리의 소원은 통일'이라고 했지 정부는 정권이 바뀔 때마다 갈팡질팡하며 입장을 바꾸었고, 국민은 각자 살기 바빠서 통일을 나 몰라라 했어요.

그렇다면 앞으로 통일을 이루기 위해 우리 개개인이 할 수 있는 일은 무엇일까요? 바로 통일을 추진할 정부를 구성하고, 그 정부가 통일정책을 추진하는 과정에서 지지를 표명해주는 일입니다. 우리나라는 민주공화국이고, 모든 권력은 국민으로부터 나온다고 헌법이 규정하고 있습니다. 국민이 국가의 주인이에요. 그래서 우리는 청와대나 통일부나 외교부에 올바른 정책을 펴도록 요구할 수도 있고, 정부가 통일정책을 제대로 하지 않는다 싶으면 투표를 통해서 통일을 적극 추진하는 정부로 바꾸어야 합니다. 제가 볼 때 이것이 우리 개개인이 할 수 있는 일입니다.

각 시대마다 해결해야 할 시대적 과제가 있습니다. 일제 강점기에는 독립이 과제였고, 독재 시대에는 민주화가 과제였어요. 독립운동은 총을 들고 했습니다. 그러다 잘못하면 죽었어요. 민주화 운동은 돌멩이를 들고 했는데 잡히면 감옥에 갔지요. 그러나 지금 우리 시대의 과제인 통일을 위해서는 투표장에 가서 기표만 잘 하면 됩니다. 어느 후보가 우리의 대표로서 통일정책을 잘 추진할지 보고 투표만 하면 되고, 잘못 되어도 아무 피해가 없어요. 하지만 필요한 조건이 하나 있습니다. 나 한 명의 투표로는 변화를 일으킬 수 없기 때문에 여러 사람이 뜻을 같이 할 수 있도록 사람을 좀 모아야 합니다.

어머니이면서 아내인 질문자 개인이 통일을 위해 오늘부터 할 수 있는 일이 뭐냐 하면, 첫째로 남편에게 잘 해 주세요. 남편 이야기도 잘 들어주고 밥도 잘 해주고, 남편이 "당신 웬일이야? 뭐 해줄까?" 하면 "괜찮아요. 제가 필요할 때 이야기 할게요" 하는 거예요. 그러다가 투표를 할 때가 되면 "여보, 제 말 좀 들어보세요" 하면서 통일이 우리나라 미래에 얼마나 중요한지 설명도 좀 하고, "제가 보기에는 이 사람이 앞으로 통일정책을 가장 잘 해나갈 것 같아요" 하면 남편이 설득이 좀 되겠죠? 설득을 하려면 질문자가 평소에 아주 잘 해야 해요.

평소에 주변 사람들에게 통일이 중요하다, 우리의 미래 성장 동력이다, 뭐 이런 설명을 논리적으로 잘 한다고 해서 설득이 되는 것이 아닙니다. 그러다 괜히 부모님이나 남편이랑 말싸움만 하기 쉬워요. 그러니까 질문자가 남편이나 부모님이나 시댁이나 친구들한테 친절하게 대해주고 그들이 투표할 때가 됐을 때 평소에 쌓은 호감과 영향력을 발휘하는 게 개인이 할 수 있는 통일 운동입니다. 이런 방향으로 해 나가면 부부 관계, 부모님과의 관계, 시댁과의 관계, 친구와의 관계가 좋아지는 덤까지 생깁니다.

이런 시각을 가지면 통일 운동은 아주 쉬워요. 돈이 많이 드는 것도 아닙니다. 돈 들어도 자기 남편한테, 부모한테, 친구한테 쓰는 건데 뭐가 아까워요. 그런데 문제는 이 쉬운 것을 안 한다는 거예요. 한국 사회의 극우나 극좌 목소리가 큰 것도 이런 이유입니다. 한쪽으로 강한 의견을 가진 사람은 사고가 편협하지만 행동력이 뛰어납니다. 댓글을 막 달고 반대하는 정책은 욕을 하고, 돈을 내서 광고도 올리고 하지 않습니까? 그런데 국민의 70~80퍼센트인 중도 보수, 중도 진보 등 중도적인 사람들은 점잖게 말만 하지 적극적으로 행동하지 않습니다. 여러분 대부분은 스님 말을 들으면 고개를 끄덕거리기만 하지, 주변 사람에게 영향을 끼친다거나 내가 어떤 행동을 하려고는 안 해요. 그러나 대한민국이 올바른 방향으로 나아가려면 중도적인 사람들이 좀 더 행동력을 가져야 합니다. 그래서 통일 운동은 쉽지만 스스로 주인 의식을 가져야만 할 수 있는 일이기도 합니다.

# 통일 의병이 무엇인가요

❝
스님께서는 '통일의병'을 만들어서 활동하고 계신데요, 통일의병이 무엇인지, 그리고 왜 만드셨는지 궁금합니다. ❞

저는 매년 봄·가을에 지적장애인 생활시설인 애광원 아이들과 나들이를 갑니다. 얼마 전에는 애광원이 있는 거제에서 통영 이순신공원에 소풍을 갔는데, 거기에서 경상대학교 교수님이 이순신공원 안내를 간단하게 해주셨어요. 그때 교수님의 이야기를 인상깊게 들었는데, 그 이야기가 의병에 대한 좋은 설명이 될 것 같아서 소개하고자 합니다.

임진왜란 당시에 일본군은 한 달 만에 조선을 점령하고, 그

기세를 몰아 명나라까지 침략하려는 계획을 가지고 있었습니다. 그런데 몇 달은커녕 7년간이나 전쟁을 하고도 조선을 점령하지 못했고, 결국 침략전쟁에 실패하고 말았습니다. 당시 왜군들이 조선에 침략했을 때 놀란 것이 세 가지가 있었는데, 이 세 가지가 바로 침략전쟁 실패의 원인이었다고 해요.

첫째가 이순신 장군이었습니다. 왜군은 조선을 침략할 때 식량을 별로 가지고 오지 않았어요. 왜냐하면 전라도의 곡창지대를 점령해서 곧바로 군량을 보충할 계획이었거든요. 그런데 일본 수군이 경상 우수영인 통영의 한산도에서 가로막혀 전라도 쪽으로 한 발자국도 나가지를 못했죠. 이후 이순신 장군의 마지막 전투인 노량해전까지 왜군은 이순신 장군을 단 한 번도 이기지 못했습니다. 조선에 이런 장군이 있을 거라고는 생각지도 못했다는 거죠.

두 번째는 조선의 임금이 도망을 친 일이었습니다. 일본은 보통 전쟁을 하면 그 지역의 거점이 되는 성을 두고 싸우다가 성주가 항복을 하든지, 아니면 끝까지 싸우다 죽든지 해서 전쟁이 끝난다는 거예요. 그래서 서울을 점령해서 조선 임금에게 항복을 받으면 전쟁이 끝난다고 생각했는데, 당시 선조 임금이 한양을 버리고 도망을 가버린 거예요. 당시 일본 문화로는 성주가 죽든 항복하든 하지 도망을 간다는 것을 상상할 수가 없었답니다. 그러니 한양성을 점령은 했는데 항복을 받을 수가 없었다는 거죠.

세 번째는 일반 백성이 직접 전쟁에 참여한 일이었습니다. 일본도 그렇고 중세 유럽도 그렇고, 전쟁은 무사 계급이 합니다. 무사끼리 전쟁을 하는 것이지 일반 백성은 직접 전쟁에 참여하지 않아요. 성주나 영주가 바뀌면 세금을 받아가는 사람이 바뀌는 것뿐이지, 일반 백성은 누가 전쟁에서 이기든지 별 상관이 없습니다. 그런데 조선에 왔더니 일반 백성이 곡괭이와 낫 같은 농기구로 무장을 하고 곳곳에 숨어 있다가 무사들에게 덤비는데, 이것은 일본에서는 상상도 못했던 일이었답니다. 즉 백성이 자발적으로 의병을 구성해서 군인들에게 대항하리라고는 생각지도 못한 거예요. 이런 경우는 아마 세계 어디에서도 찾아보기 힘들 겁니다.

왜 이 이야기를 하느냐 하면 의병이야말로 우리 민족의 저력을 보여주는 상징이기 때문입니다. 그러니까 평소에 지위도 주고, 월급도 주고, 훈련도 시키고, 무기도 지급하면서 나라가 위기에 처했을 때 싸우는 것을 그 유일한 사명으로 하는 관군이 전쟁에서 질 것 같으니까 모두 도망을 가버리는 상황에서 국가로부터 가렴주구만 당하던 백성들이 오히려 죽창을 들고 일어나 외적과 싸우는 것은 아주 특이한 문화예요. 정부가 세금을 가혹하게 거두어 백성을 못살게 굴면 백성은 나라가 망하든지 흥하든지 관심이 없어야 하는데도 오히려 의병이 일어났습니다. 이런 의병정신은 진정한 나라의 주인은 임금이 아니라 백성이라는 의식과도 연결이 됩니다.

의병 정신과 관련해서 또 하나 이야기를 해드리자면, 우리가 일제 강점기에 3·1독립운동을 하지 않았습니까? 그때 대한제국 부흥운동을 하자는 주장이 많았습니다. 이전의 고구려 부흥운동, 백제 부흥운동처럼요. 일제에 빼앗긴 우리의 국가 명칭과 위상을 되찾아야 한다는 것이죠. 그러나 당시 백용성 스님은 '이제는 임금이 나라의 주인이 아니라 민民이 나라의 주인인 시대이므로 대한제국 부흥운동을 할 것이 아니라 대한민국 수립운동을 해야 한다'고 주장했어요. 대한민국 국호가 여기에서 나온 겁니다. 그래서 상해 임시정부도 대한제국 임시정부가 아니라 대한민국

임시정부였어요.

1910년에 나라를 빼앗기자, 산속에 계시던 백용성 스님이 다음 해인 1911년에 서울에 갔어요. 그 후로 6년 동안 전국을 다니면서 왕족, 3정승 6판서, 8도 감사, 360개 고을의 원님들이나 그 후손을 찾아다니며 나라를 빼앗겼으니 독립운동을 해야 하지 않겠냐고 설득을 했는데, 단 한 사람도 동의하지 않았다고 합니다. 모두 손사래를 치며 피했어요. 나라의 녹을 먹으며 혜택을 누린 사람 중에 빼앗긴 나라를 되찾겠다는 사람이 아무도 없는 것을 백용성 스님이 직접 경험한 거예요. 그런데 일반 백성들 중에는 나라의 착취를 당하며 살았어도 여기저기서 의병으로 일어나 독립운동을 한 사람들이 있었던 거예요.

물론 백성들 대다수는 하루하루 먹고살기에 급급해서 독립운동을 할 겨를이 없었습니다. 그런데 왕족이나 관리들처럼 나라의 혜택을 입지도 않았지만, 먹고사는 문제에 급급하지 않은 사람들이 있었습니다. 바로 종교지도자들이었어요. 그래서 종교지도자들, 특히 천도교 측을 설득해서 3·1 독립운동을 성사시켰는데 그때 확연히 알게 된 거예요. 더 이상 임금이 나라의 주인이 될 수 없으니, 대한제국 부흥운동을 할 필요가 없다는 것을요. 그래서 임금이 주인인 '제국帝國'이 아니라 백성이 주인인 '민국民國', 대한민국을 만들어야 한다고 주장했습니다. 이런 이야기는 처음 들으시죠? 널리 알려지지 않은 이야기일 거예요.

이것이 우리나라의 전통입니다. 우리는 나라가 위기에 처했을 때, 관군이 제 역할을 못 하면 백성들이 의병으로 일어나 나라를 위기에서 구했습니다. 우리 민족사에서 최초의 의병이 누구인지 아시나요? 바로 다물군입니다. '다물군'이라고 들어 보셨어요? 우리나라는 한나라에서 배달나라, 조선나라로 이어져 왔잖아요. 이 조선나라가 중국 한나라에게 영토 일부를 빼앗겨 그곳에 한사군漢四郡이 설치됐습니다. 그때 관군이 전쟁에 진 상황에서 백성들은 '빼앗긴 영토를 되찾자, 고조선의 영토를 되물리자!' 하며 일어났습니다. 그래서 '다물군'이라고 해요. 이 민병이 중국 한나라의 침략군에 대항해서 싸운 것입니다. 우리가 아는 주몽은 동부여에서 도망 나와 다물의병군에 참여했고, 지도자가 된 후 북부여의 후계자 소서노와 결혼해 북부여를 계승하고 졸본부여의 왕이 된 것이죠. 그래서 주몽으로부터 시작하는 고구려가 건국된 거예요. 즉, 고구려의 건국이념은 고토古土 회복을 목적으로 하는 다물사상이었고, 그래서 대제국 건설이 가능했습니다. 지금은 빼앗겼지만 어디까지가 우리 땅이라는 것을 알고 있었기 때문에 전부는 못 찾아도 어느 정도는 영토를 회복하는 것이 가능했던 거예요. 그러나 신라 같은 경우는 한반도의 동쪽에 치우친 작은 부족국가에서 시작했기 때문에 백제 땅과 평양까지만 차지해도 엄청나게 영토가 넓어졌다고 생각하고 만족해 버렸습니다. 이건 역사의식이 부족했다고 평가할 수 있겠지요.

우리의 역사를 거슬러 올라가면 대한민국은 대한제국의 '제帝'를 '민民'으로 바꾼 나라이고, 대한제국은 조선왕조의 국명만 바꾼 같은 나라죠. 조선왕조는 고려왕조에서 역성혁명을 일으켜 세워졌고, 고려는 고구려를 계승한다고 해서 국호를 고려로 정했고요. 고구려는 주몽이 스스로를 해모수의 후예라고 하면서 부여를 계승했고, 해모수는 자신을 단군의 자손이라고 했으니 부여는 단군조선을 이은 나라예요. 단군은 환웅의 아들이라 했고, 환웅은 환인의 아들이라고 했습니다. 환인은 스스로가 무엇을 계승했다, 누구의 자손이다 하는 것이 없습니다. 그러니까 우리의 역사는 환인의 한나라가 시작입니다. 만약 고려가 고구려를 계승하지 않고 신라를 계승하는 입장이었다면, 신라는 무엇을 계승한다는 것이 없으니 우리 민족사가 2000년 정도로 제한됐을 겁니다. 그런데 고려가 고구려를 계승함으로써 고려는 고구려로, 고구려는 부여로, 부여는 조선으로, 조선은 배달로, 배달은 한나라로 거슬러 올라가고, 그래서 길게는 9000년, 동북아 대륙으로 이주해서 배달나라를 시작한 것으로만 따져도 6000년의 민족사를 가지게 된 것입니다.

이런 역사의식이 있으면, 지금 우리가 처한 분단 문제를 바로 보기가 굉장히 쉽습니다. 그런데 역사의식이 없으면 문제의 본질을 꿰뚫기가 어려워요. 신라는 그 나라만의 입장에서 보면 영토 확장에 성공했지만 전 민족사에서 보면 우리 민족의 활동영역을 축소시킨 것으로도 평가되잖아요. 그런 것처럼 우리가 남한만 생각하면 대한민국이 발전했다고 볼 수 있습니다. 만약 북한을 중국이 관할하는 상황까지 가더라도 대한민국은 북한의 위협으로부터 벗어났으니 잘 됐다고 평가할 수도 있겠죠. 그러나 이것은 역사의식이 결여된 견해입니다. 역사의식이 없으면 분단이 고착화되는 상황을 우리가 극복해야 할 문제로 생각하지 못 하게 됩니다. 우리는 대한민국만을 지키고 발전시키는 것을 넘어서 우리 민족 전체의 이익을 생각하는 데까지 가야 해요.

우리 역사에서 의병은 조선조 말엽에 있었던 을미의병, 정미의병만이 아니라 임진왜란 당시의 의병, 그 전에는 고려시대 항몽 투쟁기의 삼별초, 고구려 부흥군, 백제 부흥군, 발해 부흥군, 더 거슬러 올라가면 다물군이 있었습니다. 이게 우리 역사에서 면면히 이어져 온 전통입니다. 각 시대마다 의병은 외적의 침입으로 위기에 빠진 국가와 민족을 구해야 한다는 절박한 시대적 사명을 띠고 일어났어요.

지금 우리 시대의 절박한 과제는 바로 통일입니다. 우리가 새로운 활로를 열고 민족의 비전을 마련하기 위해서는 통일이 필요해요. 분단된 상태로는 더 이상의 성장이나 발전은 어렵습니다. 그래서 우리가 뽑은 대통령, 국가의 녹을 먹는 통일부 같은 관군이 이 문제를 적극적으로 풀어나가야 하는데, 그러지를 못한다면 나라의 주인인 우리 시민들이 의병으로서 이 문제를 푸는 데 도움이 돼야 한다는 것이 통일의병의 문제의식입니다.

그런데 이 의병활동이라는 게 쉬운 것이 아닙니다. 임진왜란 당시를 보면 금산에 쳐들어온 일본군과 싸우기 위해 권율장군이 이끄는 관병과 스스로 일어난 의병이 합동작전을 펴기로 약속했다가, 막상 전투에 관군은 오지 않고 의병만 와서 몰살된 일도 있어요. 바로 700의총의 역사지요. 또 전쟁이 끝나면 어때요? 공은 다 관군이 가져갑니다. 의병은 승리하고도 오히려 관병한테 모함을 당해 반역으로 몰리지만 않아도 다행이고요. 관군은 싸우다 죽으면 국립묘지에 묻히고 국가가 돌봐주지만, 의병은 싸우다 죽으면 오히려 손가락질을 받기도 해요. 별 상관도 없는 일에 괜히 나서가지고 개죽음을 당했다고요. 의병은 이렇게 전쟁에서 이겨도 별 혜택도 못 받고 자신의 사명이 끝나면 농사꾼은 농사로, 사냥꾼은 사냥으로, 즉 자신의 생업으로 돌아갑니다. 이렇듯 의병에게는 백의종군의 정신, 즉 나라에 꼭 필요한 일이라면 무엇이든 하겠다는 헌신과 희생의 정신이 필요해요. 의병을 하겠다는 사람들이 의병 활동으로 무슨 출세를 하겠다, 지위를 얻겠다고 하면 안 됩니다. '의병'이라는 이름에는 이렇게 개인의 이익을 추구하지 않는다는 의미가 담겨 있습니다.

제가 통일의병을 만든 것은, 지금 우리가 통일을 추진하는 데에 나라의 주인인 국민이 나설 필요가 있다고 생각했기 때문입니다. 우리가 지난 70년 동안 관병에게 이 문제를 맡겨 두었는데 어려워서 못 했는지, 게을러서 못 했는지, 아니면 의지가 없어서 못 했는지, 분단 70년이 넘도록 진척을 못 이뤘어요. 진척이 좀 되는 때도 있었지만 다시 원점으로 돌아가 버리기 일쑤였지 않습니까? 그래서 이대로는 안 되겠다, 나라의 주인인 국민이 나서서 관군을 도와야겠다, 이렇게 해서 통일의병이 시작된 거예요. 그러니 어떤 정부 정책에 반대하는 활동을 하는 단체로 생각하시면 안 되고요, 과거 좌파 운동처럼 무슨 계급 해방이니 하는 것과도 무관합니다.

통일의병은 나라의 평화와 통일을 위해서 일하겠다면 진보든 보수든, 여든 야든, 경상도든 전라도든, 남자든 여자든, 기독교인이든 불교인이든 상관이 없고, 또 외국인이나 과거 친일 후손도 참여할 수 있습니다. 이 시대의 과제인 통일을 위한 노력에 동참한다면 누구라도 상관이 없어요. 다만 앞에서 이야기한 대로 개인의 이익을 바라는 마음이 아니라 통일을 위한 활동에 헌신할 마음이 있어야 한다는 것이 유일한 참여 조건입니다.

# 통일추진 정부를 만들어야 해요

**❝**

요즘 스님의 《새로운 백년》 책을 읽고 있습니다. 또 통일 강연을 들으면서 제가 통일에 대해서 너무 무관심했다는 것을 깨달았고, 통일이 우리에게 꼭 필요하다는 것도 알았습니다. 특히 우리의 성장 동력이 한계에 부딪혔다는 스님 말씀을 듣고 우리나라의 미래가 걱정도 되고 그랬습니다. 그래서 통일을 위해 저 개인이 할 일이 뭘까 생각해 보니, 유권자로서 통일에 대한 책임 의식이 있는 지도자를 뽑는 것이 중요하다는 생각이 들었어요. 그런데 제가 평소에 정치에 관심이 없었던지라 편향된 언론만 믿고 그런 지도자를 선별해내기는 어려운 것 같습니다.

우리나라의 성장 동력이 한계에 부딪혔다는 스님 말씀에 대해 좀 더 자세한 설명을 부탁드리고, 또 정치에 별로 관심이 없던 저 같은 사람들이 어떻게 통일 지향적인 지도자를 선별할 수 있

는지도 알고 싶습니다. **99**

우리나라가 지금까지 빠르게 성장할 수 있었던 외부적 요인은 세계 최강국인 미국과 한미 동맹을 맺고 있었기 때문입니다. 미국으로부터 가장 앞선 산업기술을 가져오고, 안보도 튼튼하게 보장 받았지요. 그리고 내부적으로는 서구 문명의 모방을 통해 압축 성장을 할 수 있었기 때문이에요. 거기에는 우리 교육이 큰 역할을 했습니다.

그런데 이제는 상황이 완전히 달라졌습니다. 내부적으로는 우리가 이미 압축 성장에 성공했기 때문에 선진국과의 차이가 작아져서 성장 속도가 둔화됐습니다. 앞으로는 성장률이 현재 수준인 3퍼센트보다도 더 낮아질 겁니다. 이건 자연스러운 현상이에요. 그리고 출산율은 세계 최저 수준이고, 인구 구성은 점점 노령화되고 있죠. 따라서 생산 인구는 줄어들고 부양을 받아야 할 인구는 늘어날 수밖에 없는데다, 노인의 복지비용이 점점 증가해서 사회 전체적으로 보면 더 이상 고성장을 할 수 없는 구조로 변하고 있습니다. 이걸 한마디로 '성장 동력이 소진되었다'고 말할 수 있지요.

외부적으로는 우리가 그동안 성장과 안보를 의탁하던 미국이
경제적으로 좀 어려워졌습니다. 세계 유일의 패권국이었던 이전
에 비하면 좀 빡빡해졌어요. 그래서 주한미군 주둔 비용이나 사
드 배치 비용 등을 한국에 부담시키고 싶어 하고, 동아시아에서
군사 영향력은 유지하되 거기 들어가는 비용은 줄이고 싶으니까
일본의 재무장을 용인하고 있어요. 일본이 전범국의 멍에를 벗
고 보통국가화함으로써 자신의 비용으로 군사력을 강화하면, 미
국은 이를 통해 중국을 견제하고 동아시아에서 미국의 영향력을
유지할 수 있기 때문에 그래요. 한국도 미·일동맹에 종속시키고
싶어 하고요.

우리는 안보는 미국에 의탁하고 있지만, 경제적으로는 중국
의 의존도가 훨씬 큽니다. 우리나라가 미·일동맹에 밀착하고, 중
국이 극구 반대하는 사드 배치도 강행한 상황에서 중국과의 관계
가 나빠진다면 이것은 우리 경제에 악영향을 미칩니다. 그런데
다 중국도 이제는 고성장이 끝나가고 있습니다. 두 자릿수 성장
을 마감한 지 꽤 오래 됐고, 최근 성장률은 7퍼센트대였다가 6퍼

센트대로 하락하고 있어요. 대對 중국 수출액이 많은 우리나라는 중국의 성장률이 둔화되는 데에도 영향을 받을 수밖에 없습니다. 현재 우리 핸드폰과 자동차 등을 중국에 많이 수출하는데, 시간이 더 지나면 모든 전자제품 분야에서 최고급을 제외하고는 중국이 우리나라에 수출을 많이 해서 무역 역조가 일어날 겁니다. 중국의 기술이 우리를 거의 따라 잡았고, 어떤 분야는 이미 추월했기 때문에 그래요. 사실 이런 것들은 시간문제일 뿐이지 그렇게 될 것이 뻔히 예상되는 일들입니다.

이런 조건에서 우리는 3퍼센트 성장을 유지하기는커녕 현상 유지도 못할 확률이 높습니다. 성장률이 마이너스가 된다는 이야기에요. 동아시아에서 미국, 일본과 중국의 군사 대치에 끼어 있지, 우리의 내부 성장 동력은 바닥났지, 여태까지 성장을 의탁하던 미국은 이전만큼 경제가 좋지 못하지, 커다란 수출시장이었던 중국에는 수출이 줄어들 것으로 예상되지, 첩첩산중입니다. 그러니까 우리가 앞으로 안보와 경제 분야에서 돌파구를 마련하려면 통일로 가야 합니다. 우리가 통일을 하지 않으면 여기서 주저앉거나 추락할 수밖에 없고, 통일을 하면 한 발 더 나아갈 수 있습니다.

'통일을 위해서 개인이 할 일은 투표로 통일 지향적 지도자를 뽑는 것 같다'는 질문자의 의견은 맞는 말입니다. 스님이 통일의 중요성을 주장한다고 통일이 되느냐? 그렇지 않습니다. 통일은 군사, 정치, 경제, 외교 문제이므로 정부가 나서서 추진해야만 이뤄낼 수가 있어요. 국민이 할 일은 정부가 통일을 추진하지 않거나, 평화적이지 않은 통일을 추진한다면 대한민국의 주인으로서 그런 정부를 심판하는 것입니다. 그래서 투표를 통해 평화 통일을 적극적으로 추진할 국민의 대표를 뽑아야 합니다.

　딱 누가 그런 일을 할 거다, 어떤 정당이 그런 일을 할 거다 생각하고 지켜만 보다가 투표를 하는 것은 수동적인 태도입니다. 말로는 경제민주화 하겠다, 지방자치를 촉진하겠다, 통일을 하겠다 등등 약속해놓고 당선이 되면 공약 이행에 별 신경을 안 쓰거나 약속과는 반대로 정책을 펴는 경우를 우리는 많이 봐 왔잖아요. 정치인들 중에 어떤 목표를 꼭 이뤄내겠다는 뚜렷한 사명을 가진 사람은 드물어요. 다들 그냥 당선되는 데 목표가 있으니까 결국 국민들이 '이렇게 해 나가야 네가 당선된다'는 것을 보여주는 수밖에 없어요.

그래서 여러분이 통일을 지향하고 추진하는 정부가 필요하다는 데 동의한다면, 적극적으로 의사 표현을 하고 일정한 세력을 구성해서 지지를 표명하는 것이 중요합니다. 수만 명, 수십만 명이 다 같이 무슨 배지를 단다거나, SNS로 한 목소리를 낸다거나 하면 정치인들이 통일을 이루기 위해서 신경을 쓸까요, 안 쓸까요? 또 결정적인 순간에는 우리가 어디어디서 모이자 해서 수만 명이 모여 목소리를 낸다면 정치인이든 정부든 국민의 눈치를 볼 수밖에 없습니다.

그런데 문제는 통일을 추진하겠다는 정부나 통일을 추진하려는 정치세력을 형성하도록 지원하자는 사람이 별로 없다는 거예요. 정부가 하는 대북 정책을 보고 그냥 욕만 하는 것이 우리 국민들의 현실입니다. 일부 정치에 관심 있는 사람들도 대부분 어떤 세력이나 지도자에 편승해서 이익을 얻으려고만 하지요. 그러나 우리가 통일을 이루겠다면 어떤 정치 세력으로부터 이익을 보려고 하지 말고 오히려 우리를 희생해서 지지를 해 주어야 합니다.

이처럼 적극적인 자세를 가지면 정치인이나 정당이 '통일정책은 이러한 방향으로 추진하겠습니다'를 국민들에게 제시하고 국민들이 이를 검토해서 부족하면 지적을 하는 과정이 이뤄집니다. 국민들이 각 정당별로 통일정책이 어떤지 비교해서 서로 경쟁도 붙이고 해야 정치인들이 열심히 통일정책을 만들고, 당선 후에도 통일문제에 적극 나서는 국민이 다수 있다는 것을 알게 되면 말을 바꾸지 않습니다. 일반 시민을 주식회사의 주주라고 가정한다면 선거는 CEO를 뽑고, 회사의 운영방향을 결정하는 주주총회입니다. 국민 한 사람 한 사람은 소액 주주라서 영향력을 발휘하기 어려우니까 뜻을 같이 하는 인원을 많이 모으고 또 목소리를 내야 진짜 주인 노릇을 할 수가 있어요.

하지만 아주 큰 세력을 이뤄야만 영향력을 발휘할 수 있는 것은 아닙니다. 어떤 이슈로 두 세력이 대립하고 있을 때, 49대 51 정도로 비슷하면 2퍼센트의 세력으로도 결정적인 영향을 미칠 수 있어요. 큰 바위를 움직이는 데 바위 자체를 옮길 힘이 있어야 하는 것은 아니잖아요. 적절한 지점에 지렛대만 놓아 힘을 써도 바위를 움직일 수 있지요. 그러나 49대 51이 되는 시점이 언제 올지는 모릅니다. 그래서 우리가 통일 추진 세력을 모으는 노력도 해야 하지만 이것이 효과를 발휘할 수 있는 적합한 때도 와야 합니다. 때가 와도 노력이 없으면 안 되고, 노력을 해도 기회가 안 오면 어려운 거예요. 목표가 있는 사람이 준비를 해서 기회가 올 때를 포착해야지, '우리가 세력을 모아봐야 얼마나 되겠나', '내가 이렇게 한다고 뭐가 되겠나' 생각하면 아무것도 못하는 거죠.

일제 강점기, 일본이 연합국을 상대로 태평양 전쟁을 일으킬 만큼 국력이 커졌을 때 독립운동 하던 사람들은 얼마나 막막했겠어요? 얼마나 막막했으면 3·1 독립선언에 참여했던 민족 대표들까지 친일로 돌아서 버렸잖아요. 그러나 일본은 태평양 전쟁을 일으키고 5년이 채 안 돼서 패망했고, 우리는 독립을 했습니다. 그런 것처럼 통일을 이루는 것이 당장은 요원해 보일지라도 지금 주변국의 정세변화는 통일의 환경조성에 우호적이에요.

앞에서 우리의 노력과 기회의 도래, 모두가 갖춰져야 한다고 했지요. 기회는 마련되고 있으니, 우리의 노력이 필요합니다. 문제는 국민들 각자가 이 나라의 주인으로서 우리나라의 미래를 책임지려는 생각이 있느냐가 관건입니다. 만약 여러분들이 통일 한국을 이루겠다는 염원이 강력하다면 통일은 해볼 만한 일이 될 것이고 여러분이 '내가 무슨 나라의 주인이냐, 나 살기도 바쁘다’ 하고 통일을 외면하거나 경상도니 전라도니 하며 지역감정으로 투표하면 한반도가 주변 정세 변화에 종속되어 분단이 고착화되겠죠. 통일은 우리 국민이 통일을 강력하게 추진할 정부를 구성할 때만 가능성이 높아집니다.

이제 통일의
마중물이 되어

# 국제사회에 인식변화를
# 일으켜야 한다

**66**

저는 북한을 탈출하여 중국에서 오래 살다 왔습니다. 중국에 있을 때는 잡혀갈 위험이 있어서 신경을 못 썼는데 한국에 와서 북한에 있는 가족들과 연락이 되고 보니 과연 통일이 이뤄질까 하는 생각이 들어요. 여기 와서 사니까 가족들 생각이 많이 나고 북한에 있는 가족들의 어려운 상황이 마음에 걸려 안 내려가요. 과연 우리 세대에 통일이 가능한지 알고 싶습니다. **99**

통일의 가능성은 과거 어느 때보다 높습니다. 그렇다고 반드시 통일이 된다고 말할 수는 없어요. 북한은 지금 경제나 사회 같은 하부구조가 많이 붕괴되었어요. 그러나 정치나 군대 같은 상부구조는 탄탄해요. 하부구조가 많이 붕괴된 상황이라서 길게 보면 자생력을 갖기는 힘듭니다. 그러니 경제개혁을 해서 상황을 개선해야 살아남겠지요? 개혁·개방 정책으로 인민들에게 뭔가 변화를 보여주고 외교관계도 부드럽게 해야 됩니다. 그렇지 않으면 문제를 해결하지 못하고 붕괴될 가능성이 높아요. 그렇다고 '북한이 망한다'고 단정적으로 생각하면 안 돼요. 김정은 정권은 망한다 하더라도 북한이라는 국가는 유지될 수 있으니까요.

북한에 무슨 변고가 났을 때 국제법적으로 개입할 수 있는 나라는 중국입니다. 북한과 중국은 '조·중 우호협력 및 상호원조 조약'에 의해 동맹을 맺고 있기 때문입니다. 또 미국은 '대량 살상무기 확산 방지'라는 명목으로 법과 관계없이 힘으로 밀고 들어갈 가능성이 있습니다. 그러나 한국은 국제법상 간섭할 근거가 없고, 그냥 밀고 들어가서 간섭할 힘도 없어요. 그래서 북한에 급변사태가 생겼을 때 우리가 개입하려면 법적 근거를 꼭 마련해 놓아야 합니다. 이를 위해서는 남북한이 서로 독립된 국가로 유엔에 가입한 것은 인정하되 두 나라가 '국가연합'이라는 형식을 취해 놓으면 됩니다. 그러면 북한을 제일 먼저 관할할 수 있는 법적 근거가 우리에게 주어지게 돼요. 이렇게 하는 것은 북한을 하나의 독립 국가로 인정하는 것이 아니냐는 문제제기가 있을 수 있습니다. 그러나 이런 장치를 마련하지 않고는 우리가 북한 문제에 개입하기가 굉장히 어려워요.

국제사회가 봤을 때 '북한에 문제가 생기면 한국이 관할한다'는 인상을 심어주는 것이 매우 중요해요. 그런데 남북한이 허구헌 날 서로 전쟁하듯이 싸우면, 국제사회는 남북이 같은 민족이니까 북한에 문제가 생겼을 때 당연히 남한이 가장 먼저 개입하고 관할해야 한다고 생각하지 않습니다. 오히려 '중국이 북한을 관할하는 것이 좋겠다'라고 생각하기 쉽지요. 그러니 국제사회가 '북한이 문제를 일으켜도 남한이 포용해 준다'는 것을 자연스럽게 인정하도록 우리가 노력해야 해요.

우리 세대에 통일이 된다 안 된다를 단정적으로 말할 수는 없습니다. 다만 우리가 노력하면 통일이 앞당겨질 수 있어요. 통일을 앞당기려면 한국 정부가 통일정책을 적극적으로 추진해서 북한을 포용해야 합니다. 남한이 북한을 먹여 살린다고 국제사회가 판단할 수 있도록 인도적 지원을 해야 해요. 남한이 북한을 완전히 포용하는 이미지를 심으면 통일은 앞당겨질 것이고, 또 남한 중심의 통일을 할 수 있습니다.

# 북한체제가 할 수 있는 길

**"**

저는 북한을 떠난 지 20년이 넘었습니다. 중국을 거쳐서 현재 한국에서 13년째 살고 있습니다. 제가 북한이 언젠가는 망하겠다고 생각한 것이 1985년부터였습니다. 왜냐하면 김일성 때는 백미 밥은 못 먹었지만 그래도 먹고는 살았는데 1985년도 김정일이 정치를 주도하면서부터 쌀을 제대로 못 받고 그랬습니다. 북한에서 살 때 남한이 미국의 식민지이고 못 산다는 교육을 받았습니다. 그런데 제가 중국에 세 번 넘어가 살면서 생각이 완전히 바뀌었어요. 그리고 중국에서 10년을 살다가 한국에 와 보니까 그야말로 천지가 개벽한 느낌이었습니다. 이런 사회도 있구나, 중국도 좋다고 했는데 한국은 지상천국이라고 느껴질 만큼 좋았습니다.

스님, 민주사회인 한국과 달리 북한은 3대 세습 독재정권이고 지금 김정은이 정권을 잡지 않았습니까? 김정은 정권을 어떻게 생각하시며, 그 정권이 앞으로 얼마나 갈 거라고 생각하시는지 여쭙고 싶습니다. **99**

남한은 정권을 잡으려면 선거를 통해서 국민의 선택을 받아야 하지요. 제가 박정희 정권과 전두환 정권 때 그걸 제대로 지키지 않는다고 반대해서 감옥까지 간 사람인데, 당연히 저는 세습이나 독재에 반대합니다. 그런데 사우디아라비아나 부탄 같은 왕조국가와 우리나라가 관계를 맺을 때는 그 체제를 인정해야 서로 대화가 이뤄진다고 생각합니다. 통일을 위해서 남북이 대화할 때에도 남한이 북한을 인정해야 대화가 가능해요. 남북이 더 이상 전쟁이 없도록 하고 화해와 협력을 하려면 현실의 북한 정부를 인정하고 대화하는 길밖에 없습니다. 제가 북한에 인도적 지원을 하려고 해도 북한 정부와 소통을 해야 가능합니다. 우리가 국가 대 국가, 정부 대 정부 차원에서는 그것이 어떤 정부라도 대화의 상대방으로 인정해야만 문제를 풀어나갈 수 있습니다.

북한도 자기네 입장에서는 자신들만이 한반도 내의 유일한 합법적 정부라고 주장합니다. 예전에 김일성은 남한의 박정희 정부가 군사쿠데타를 했다고 굉장히 비난을 많이 했죠. 그렇지만 7·4 남북공동성명은 같이 했습니다. 또 전두환 정부 들어와서는 남쪽 사람들이 전두환 정부에 반대한다는 이유로 남한 정부를 인정하지 않았습니다. 그런 연장선상에서 북한이 아웅산 테러까지 자행하지 않았습니까.

그 나라 국민은 자국 정부에 저항할 권리가 있습니다. 사우디아라비아 사람은 왕조에 저항할 권리가 있지만, 우리가 국가 간의 관계에서 사우디아라비아의 왕조를 부정할 권리는 없어요. 남북한 사이에는 내정불간섭의 원칙이 있어요. 개인이 북한체제를 비판하는 것은 괜찮지만 남한 정부가 북한 정부의 문제에 간섭하면 그것은 내정불간섭의 원칙에 어긋납니다. 저번에 라오스에서 한국으로 오려던 탈북민을 라오스 정부가 북한으로 송환해버린 사건이 있었어요. 그럴 때 한국 정부가 라오스 정부에게 공식적으로 항의할 수는 없습니다. 왜냐하면 탈북민은 북한의 주민이고, 또 라오스에 불법체류하고 있었기 때문에 라오스 정부는 공식적으로 그렇게 행동할 수밖에 없었어요.

현재 유엔 규정상 정치적 박해를 받다가 도망을 나오면 난민의 지위를 획득할 수가 있지만 경제적인 이유로 탈출한 사람들은 난민으로 인정받지 못하고 있습니다. 그런데 북한을 나온 이유는 경제적인 것이라고 하더라도 돌아가면 정치적 박해를 받지 않습니까? 그래서 정치적 난민으로도 볼 수 있죠. 그래서 제가 뉴욕 유엔본부에 가서 이렇게 주장하며 보호를 요청하기도 하고, 유엔 산하 중국에 있는 난민센터에도 가서 지원을 요청하기도 했는데 중국 정부가 공식적으로 인정하지 않는 한 북한 난민을 구호할 수가 없다고 했습니다.

제가 대화한 유엔기구 사람들의 주장은 이렇습니다. 유엔은 국가를 회원으로 하는 국제연합이므로, 중국 정부가 탈북민을 감당 못 하겠다고 유엔에 도움을 요청할 때만 활동할 수가 있지, 중국 정부가 요청하지도 않았는데 일방적으로 활동할 수는 없다는 겁니다. 제가 여러 가지 실정을 이야기하며 무던히 싸웠는데도 도움을 받을 길이 없었습니다. 그러니까 합법적으로 지원을 못 하니 당장 눈앞에 있는 사람을 살리기 위해서는 중국 정부가 인정하지 않더라도 그들을 도울 수밖에 없었습니다. 그러나 제가 승려로서 남의 나라에 가서 그들이 인정하지 않는 소위 불법 활동을 계속하기는 어려웠습니다. 그래서 인도적인 입장에서 그들의 생존을 돕는 최소한의 지원만 할 수밖에 없었어요.

그래서 탈북 브로커가 필요악으로 존재하는 겁니다. 브로커가 돈을 받고 그런 일을 하는 것은 엄밀히 말하면 불법입니다. 하지만 탈북민들을 구제하려면 불법행위를 할 수밖에 없는 형편이고, 불법행위를 하지 않으려면 탈북민들이 겪는 고통을 외면해야 합니다. 그래서 '좋은벗들'(이 책 210쪽 참조)은 탈북민을 한국에 데려오기 위해 불법행위를 계속할 수는 없으니 활동 방향을 바꿔야 했습니다.

북한을 평가할 때 우리는 객관적이어야 합니다. 북한은 사회, 경제적으로는 거의 붕괴됐습니다. 그러나 정치적으로는 아직 강고하고, 군사적으로는 더 강고합니다. 이런 상황을 집에다 비유하자면 기둥과 지붕은 멀쩡한데 안에 들어가 보면 남아있는 게 하나도 없는 것과 마찬가지에요. 벽도 다 허물어졌고 곰팡이가 피어 있고 방구들도 다 꺼진 그런 집이나 마찬가지입니다. 들어가보면 폐가지만 밖에서 볼 때는 끄떡없어요. 내일모레 무너질 것 같아 보이는데, 또 금방 안 무너져요. 지금 북한은 불안정한 것이 사실입니다. 김일성 때보다는 김정일 때가 권위가 좀 약해졌고, 지금 김정은 체제는 사람들의 신뢰가 더 약해졌어요. 정치 관료와 군 수뇌부들이 겉으로는 충성하지만 속으로는 젊고 경험이 많지 않은 김정은을 덜 신뢰할 수 있어요. 그래서 김정은이 자기에게 충성하는 사람들로 세대교체를 했어요. 사람을 많이 갈아 치웠으니 겉으로 볼 때는 굉장히 안정되어 보입니다.

그런데 김정은 체제에서 권력층을 교체했기 때문에 체제가 안정된 측면도 있지만 다른 시각으로 보면 쫓겨난 사람들이 불만을 가질 수밖에 없기 때문에 반대로 체제 불안정성이 높아졌다고 할 수도 있지요. 현재 북한이 사회, 경제적으로 회복의 기미가 보이긴 하지만 금세 좋아지기는 어렵습니다.

그래서 김정은 정권이 택할 길은 세 가지에요. 첫째로 끝까지 개혁·개방을 거부한 채 핵무기를 틀어쥐고 버티는 길입니다. 이렇게 하다가는 내부에서 붕괴될 수도 있고, 북한의 행동을 마음에 들어하지 않는 중국이 직접 개입해서 북한 내부에 친중 정권이 들어설 수도 있지요. 두 번째는 김정은 정권이 내부에 산적한 문제들과 대북제재를 견디다 못해 스스로 중국에 기울어지는 거예요. 이 두 가지는 중국의 영향력 안으로 들어갈 확률이 높은 길입니다. 세 번째는, 김정은 정권이 남한과 대화하면서 미국과 협상을 해서 남북관계에도 변화가 오고 통일에 있어서도 우리에게 유리한 국면이 형성되는 길입니다. 그렇기 때문에 우리는 현재 북한 정권이 못마땅하더라도 통일이라는 큰 목표를 위해 북한을 포용해야 합니다.

그러니까 통일을 앞당길 제일 좋은 방법은 한국과 미국이 북한을 포용해서 통일을 추진하는 겁니다. 이를 통해 북한을 변화시키면 중립적이되 미국의 영향이 더 큰 통일이 가능해요. 중국도 지금 힘은 세지만 북한의 내정까지 간섭하기는 어려우니까, 북한이 스스로 남북통일을 선택하면 이걸 간섭하기는 어렵습니다. 그런데 북한에 친중 정권이 들어서면 통일은 상당히 어려워진다고 봐야 합니다.

지금 이대로는 북한이 유지되기가 어렵습니다. 어떻게든 활로를 찾아야 하는데, 남한과의 관계가 좋아지면 탈북민들에게는 제일 좋은 상책이 될 것입니다. 북한은 이미 빠른 속도로 개혁되고 있어요. 지금 북한에서는 농사를 지으면 일부는 정부가 관할하지만 나머지는 개인이 장마당에 자유롭게 판매할 수 있도록 정책이 바뀌었습니다. 이런 내부 개혁으로 문제 해결이 안 되어서 개방을 하면, 여러분이 고향 건설을 할 수 있는 때가 그렇게 멀지 않았다고 할 수 있습니다. 그러니 지금 그런 준비를 해나가는 게 필요합니다.

저는 여러분이 긍지를 가졌으면 좋겠습니다. 아무리 그곳에서 고통을 겪고 또 그쪽 정권을 나쁘게 생각하더라도 내가 태어나고 자란 고향에 대해서 긍지를 가지는 것이 좋습니다. 또 여러분이 통일을 지향하는 자세를 갖는 것이 좋아요. 통일이 되면 여러분은 북한사람 중에서는 남한의 선진 문물을 먼저 받아들인 사람이 되고, 그래서 통일 역군으로 고향을 발전시키는 역할을 할 수 있습니다. 결국 통일은 탈북민의 사회적 지위 향상에도 기여할 겁니다.

# 한반도의 평화와 번영을 위한
# 남북 평화협정

**❝**

저는 형제가 많은데 현재 북한에 여섯 명이 남아 있습니다. 제 아버지 고향이 남한이어서 남쪽에 아버지 형제들이 여럿 계시고, 조카들도 많습니다. 만약 남한과 북한이 계속 분열로 내달려서 전쟁이라도 나면 북한에 있는 조카들과 남한의 조카들이 총을 들고 서로 싸움을 하게 될 테고, 그런 생각을 하면 억장이 무너집니다. 항상 이 문제로 근심이 되고, 우리 조카들이 살아갈 앞날이 걱정되어 가슴에 무거운 돌덩이가 매달려 있는 듯합니다.

누가 제게 말하길 평화협정을 하면 북한이 남한을 한순간에 먹어치우게 되니 평화협정은 안 된다고 했어요. 남북한이 서로 대화를 해도 북한은 가슴 속에 칼을 품고 있어 어떤 말도 통하지 않는 것 같습니다. 그래서 평화협정을 맺으면 안 되고 그냥 정전협정을 지속해 나가야 한다고 저는 생각합니다. 아버지 세대가 통일을 못 보고 돌아가셨는데, 우리 세대도 통일을 못 볼 것 같습니다. 언제까지 이렇게 가슴 아프게 살아야 하는지, 평화협정에 대한 스님의 의견을 부탁드립니다. **99**

지금은 전쟁이 일시적으로 멈춘 상태입니다. 내일이라도 선전포고 없이 그냥 총 쏘면 전쟁이 시작됩니다. 어떤 나라도 이런 상태로 60년 이상을 지나온 사례는 없습니다.

일본이 한국을 36년간 식민 지배를 했는데도 해방되고 20년 만에 한일수교를 했습니다. 중국은 한국전쟁 때 백만 대군을 한반도에 보내서 밀고 내려왔는데도, 26년 전에 수교를 했고 지금은 한중 교역량이 한미 교역량의 두 배가 됐습니다. 우리가 일본과 해결해야 할 독도 문제나 과거사 왜곡 문제 등이 있지만, 그것은 그것대로 놔두고 한일 국교를 정상화한 것은 잘한 일입니다. 중국도 동북공정으로 역사 왜곡을 하고 있지만 그래도 중국과 외교를 한 것이 우리의 국익에 도움이 됩니다. 이런 생각을 하면 남북 사이에는 아직도 전쟁이 일어날지 모르는 위험이 있고 여러 갈등이 있지만, 만약 남북이 평화적으로 교류협력을 하는 관계가 된다면 어떨까요? 20년 뒤에 생각해보면 '그때 우리가 교류 협력을 안 했으면 어쩔 뻔했냐' 하는 부분이 반드시 생깁니다. 그래서 남북관계의 기본 축은 교류와 협력이어야 하고, 남북은 화해와 통일로 가야 합니다.

이런 관점에서 정전협정은 이제 평화체제로 바뀌어야 합니다. 질문자가 말한 것은 '평화협정'인데, 이것은 북한에서 먼저 들고 나온 것이기 때문에 이것을 그대로 받아들이면 우리가 뭔가 밀리는 것처럼 느껴지는 것이 지금 남북관계에서 우리의 현실이죠. 그래서 필요하다면 용어를 바꾸는 것도 유용한 방법이 될 수 있습니다.

지금은 정전체제 아래 있기 때문에 평화체제로 나아가기 위해서는 과거의 전쟁을 종식시키는 종전선언이 필요합니다. 이를 통해 전쟁 중 생사가 불확실한 사람들의 생사 확인, 이산가족 상봉, 국군포로와 납북 어부 문제 등을 서로 협의하여 해결해서 과거를 청산해야 합니다. 그리고 서로 침략행위를 하지 않기로 하는 불가침 협정을 맺는 등 공식 합의를 도출해야 하고, 이를 위해 군사 대치 문제를 어떻게 풀지도 논의해야 합니다.

남북한 군사 문제 해결의 최대 관건은 바로 미군입니다. 우리는 미군이 주둔해야 한다는 입장이고, 북한은 전쟁이 끝났으니 미군이 철수해야 한다는 입장이죠. 그러나 한미동맹을 폐기하거나 주한미군을 철수하는 건 지금 우리 국민이 도저히 받아들일 수 없습니다. 북한이 이 부분은 인정해야 해요. 대신 주한미군은 북한을 공격하기 위한 군대가 아니라 한반도의 평화를 감시하는 역할이어야만 그 명분이 서겠지요.

한반도 평화체제를 이루기 위해서는 한국과 북한 그리고 미국이 참여해야 합니다. 현재 중국은 이 땅에 군대를 주둔시키고 있지 않기 때문에 직접 당사자는 아니에요. 남한과 북한 그리고 미국이 평화협정의 당사자입니다. 미·중은 남한과 북한을 각각 독립국가로 보기 때문에 미·중이 포함된 4자 협정이 맺어지면, 한반도의 평화는 유지되지만 남북이 별개의 국가로 인정되는 문제가 있습니다. 물론 이미 유엔에 남북이 각각 가입되어 있기는 하지만, 4자 협정은 남북을 각각 별개의 국가로 봄으로써 분단 고착화에 기여할 우려가 있는 것이 사실입니다.

따라서 평화체제 구축을 가장 효과적으로 하기 위해서는 남북이 당사자들로서 평화협정을 맺고 미국과 중국이 보증을 서는 방식이 돼야 합니다. 이렇게 되면 평화협정은 남북 간에 맺은 것으로서 국내 문제이기 때문에 한반도에 평화도 가져오고 통일의 기회도 열어놓게 됩니다. 남북이 각각 '독립된 국가'로서 맺은 국가 간 조약이 아니라, 통일을 지향하는 과정에서의 '잠정적 특수 관계'인 남북이 맺은 협정으로 볼 수 있기 때문이에요. 이것을 북한이 받아들이도록 어떻게 설득할 것인지가 과제겠지요.

'한반도에 다시는 전쟁이 있어서는 안 된다'는 것은 우리가 꼭 명심해야 합니다. 대한민국 국민 누구도 전쟁을 원하지 않습니다. 다만 우리 국민의 정서에 이중성이 있어요. 북한이 도발을 하는데 그냥 넘어가는 것은 반대가 많고 그럴 때는 '본때를 보여줘서 버르장머리를 고쳐야 한다'는 주장에 대한 지지가 높습니다. 그런데 본때를 보여주면 전쟁 위험이 높아집니다. 그런데 전쟁은 원하지 않아요. 그러니까 이게 어려운 겁니다.

북한의 도발에 본때를 보여주면서도 전쟁은 안 일어나도록 하는 게 불가능한 것만은 아닙니다. 남북 긴장이 고조되면, 북한의 도발을 응징했을 때 전쟁이 일어나기 쉽습니다. 그런데 남북한이 화해·협력을 해 나갈 때는 북한이 도발했을 때 본때를 보여 줘도 전쟁으로 확대될 가능성이 낮기 때문에, 우리가 화해와 협력의 기초 아래 북한의 도발을 응징하면 북한에 끌려가지도 않고 전쟁도 일어나지 않게 할 수 있습니다. 그래서 이 화해와 협력이라는 것은 전쟁 방지에도, 또 우리가 북한의 도발에 끌려 다니지 않는 데도 매우 중요하다고 볼 수 있습니다.

질문자는 북한에 있는 동생, 조카들과 남한에 있는 조카들이 전쟁이 나면 서로 총을 겨누고 싸워야 하는 상황을 걱정하잖아요. 이런 아픔을 겪지 않도록 우리가 같이 노력해야 합니다. 전쟁이 일어나면 북한은 말할 것도 없고 남한도 큰 손해를 입습니다. 개인의 생명과 재산은 물론이고 현대자동차나 삼성전자 같은 기업이 폭격을 맞는다면 이를 복구할 동안 중국이 우리를 크게 앞지르게 됩니다. 그런 약점이 있으니 북한이 협박을 하는 것이지요. 그런데 협박을 받는다고 우리가 감정에만 너무 치우치면 안 되고, 어떻게 하면 한반도에 평화와 번영을 가져올지를 고민해야 한다는 말씀을 드리고 싶습니다.

# 북한의 인도적 지원,
# 계속해야 하나요

**66**

제가 북한에서 살던 1997년 당시는 살기가 매우 어려웠고 모든
게 무너져 버린 상태였습니다. 북한 정부가 노동에 대한 아무런
대가를 주지 않았기 때문에 북한 사람들은 불법적 방법으로 살아
갈 수밖에 없었어요. 그런데 국가보위성이나 인민보안성에서는
법을 어긴다고 잡아다가 비인간적인 처벌을 했고, 지금도 이런
악순환이 계속되고 있다고 생각합니다. 북한 주민들이 살아남기
위해서는 어쩔 수 없이 불법행위를 할 수밖에 없고, 불법행위가
발각되면 처벌을 받는, 이 악순환의 고리를 끊기는 참 어려운 것
같습니다. 이런 북한 주민들의 어려움 때문에 남한 정부가 한때
는 북한에 인도적 지원을 하기도 했는데, 이에 대한 스님의 의견
이 궁금합니다. **99**

여러분, 한번 생각해 보십시오. 북한 정부가 아무리 힘이 없다고 하지만 남한이 식량을 좀 준다고 유지가 되고 안 준다고 망할까요? 예를 들어 회사가 부도가 날 지경으로 어려워서 돈 1억 원이 필요한데 누가 천만 원 도와주었다고 흥하고 그것 없다고 망하고 그러지는 않겠지요. 북한 경제가 아무리 어렵다고 하지만 남한이 식량을 좀 지원해준다고 흥하고 안 준다고 망하는 건 아니에요.

여러분이 잘 알다시피 북한은 식량을 배급제로 배분합니다. 그리고 식량 배분의 기준이 되는 등급이 있어요. 1등급은 평양의 중앙구역 고위층입니다. 이들에게는 언제나 배급이 됩니다. 2등급은 군이나 경찰, 보위성 소속의 보안일꾼들입니다. 이들에게도 배급이 안정적으로 보장됩니다. 3등급은 김책제철소 같은 국영기업이나 군수기업에 소속된 노동자들인데, 이들에게는 배급이 불규칙합니다. 그 다음 4등급이 각 지역의 사업소 등에 배치된 일반 노동자들이고, 이들은 지역 배급체계에서 배급합니다. 그리고 농민들은 자신이 생산한 것 중 일정 양을 우선적으로 분배받고 나머지를 모두 국가에 내도록 되어 있으므로 배급 체계 밖에 있고요.

어려울 때 4등급은 식량 배급이 완전히 끊어지고 3등급은 줬다 말다 하지만, 1등급과 2등급은 끄떡없습니다. 식량이 100~200만 톤 모자랄 때 우리가 최대한 지원한 것이 30~40만 톤이었습니다. 4등급과 농민에게까지 지원이 내려가기에는 부족한 양이었을 겁니다. 그러나 북한 자체에서 생산한 식량이 상당히 부족하더라도 상위 등급에는 배급을 해 주기 때문에 이 계층이 붕괴되지는 않을 겁니다. 우리가 식량 지원을 하느냐 마느냐가 지도층 붕괴, 북한체제 붕괴와는 큰 관련이 없다고 볼 수 있어요.

지금 우리가 해야 하고, 또 할 수 있는 것은 어려운 북한 주민들을 도와서 그들의 민심을 얻는 것입니다. 그래야 나중에 혹시라도 북한 지도부가 중국에 붙어서 자신들의 생존을 보장받으려 할 때 민심이 일어나서 친중 정부가 들어서는 것을 반대하도록 할 수 있습니다.

# 북한에게 어디까지
# 양보해야 합니까

**❝**

오래 전에 북한에서 나온 탈북민입니다. 북한에서는 어린 시절부터 '총대 위에 평화가 있다'고 교육을 받고 자랍니다. 남한 사람들은 같은 민족이니 함께 손잡고 나아가자고 하는데 북한은 남한 사람을 힘으로 누르고, 나아가 죽이려는 생각까지 갖고 있습니다. 또 북한은 오직 자신들의 체제 유지에만 관심이 있지 통일의 의지는 없는 것 같습니다. 남북 교류를 위한 개성 공단이나 금강산 관광도 우리가 이용만 당했다는 생각이 들어요. 스님께서는 통일을 추진하려면 우리가 주인의식을 가지고 북한이 어깃장을 놓아도 좀 맞춰주어야 한다고 하시는데, 우리가 어디까지 양보하고 북한에 맞춰줘야 하는지 궁금합니다. **❞**

불교에는 '수처작주隨處作主'라는 말이 있는데, 어떤 상황에 처하더라도 그곳에서 주인이 되라는 이야기에요. 우리가 주어진 조건에서 어떻게 평화를 지키고 통일로 한 발 나갈 것인가를 주인된 자세로 생각해야 합니다. 기독교의 시각에서 보면, 예수님께서 '5리를 가자고 하면 10리를 가주어라'고 했지요. 상대가 '5리를 가자' 해서 가면 끌려가는 것 아닙니까? 그런데 '내가 10리를 가 줄게'라고 하면 자신이 그 상황의 주인이 되는 겁니다. 이런 자세를 가지면 남북관계에서 어떠한 사건이 생겨도 그것을 우리에게 유리한 방향으로 활용해 나갈 수 있습니다. 한중 수교도 중국 민항기가 한국에 불시착한 사건을 기회로 한중이 노력했기에 맺은 결실이었습니다. 서로 적대국이었다가 이 사건을 계기로 한국전쟁 이후 정부 사이에 첫 공식 접촉이 이루어졌고 나중에는 정식 수교까지 맺게 된 겁니다.

통일 지향 정부라면 남북관계에 악영향을 끼칠 수 있는 사건이 생긴다고 해도 큰 문제가 되지 않습니다. 통일을 지향한다는 명확한 방향성이 있기 때문에 어떤 사건이든 서로에게 발전적인 방향으로 풀어나갈 수 있어요. 이것은 상대방에게 끌려가는 것과는 전혀 다른 문제입니다.

총을 들고 죽이겠다고 하는 상대에게 이쪽에서도 달려들어 같이 죽이겠다고 윽박지르면 싸움이 되겠지요. 그러나 상대가 죽기 살기로 저항할 때 거기에 맞대응하기보다는 잘 구슬리는 게 더 효과적입니다. 북한을 포용하자는 것은 북한의 처지를 이해하자는 것이지 절대로 북한이 하자는 대로 따라하자는 것이 아니에요. 북한의 처지를 이해해서 '아 저쪽이 이러이러한 사정이 있어 지금 저렇게 행동하는구나'를 파악하고 이를 통일에 도움이 되는 방향으로 활용해야 해요.

그렇다면 왜 우리가 주인된 자세, 주체적 입장을 갖지 못하는 것일까요? 바로 과거의 피해의식이 습관으로 남아 있어서 그렇습니다. 분단 이후 우리가 북한에 비해 열세에 있을 때 북한은 통일에 아주 공세적인 입장이었습니다. 반면 우리는 우리 체제를 유지하는 데 급급했어요. 박정희 대통령이 5·16 군사정변을 일으키고 내세운 혁명공약 1번이 '반공反共을 국시國是의 제일의第一義로 삼고…' 였습니다. 사실 무언가에 반대하는 것이 국가의 제1 목표라는 것은 말이 안 되는 얘기지요. 자유롭고 민주적인 대한민국을 건설하는 것이 제1의 목표고, 공산주의에 반대하는 것이 제2의 목표라면 몰라도요. 그런데 왜 이렇게까지 반공을 강조했느냐 하면 수세적인 입장에서 우리 체제를 지키는 것이 최우선 과제였기 때문입니다.

그러면 지금은 어떻습니까? 남한의 경제규모가 북한의 약 45배 정도니까 분단 직후 북한이 남한보다 우위였던 정도와는 비교가 안 되죠. 역전을 넘어서서 압도를 하는 상황입니다. 그러니 과거에 우리가 그랬던 것처럼 북한은 지금 자신들의 체제를 지키는 것이 최우선일 수밖에 없습니다. 반대로 우리는 이제 공세적 입장을 취해도 되는데 아직도 공산주의 체제에 점령당할까 두려워하는 습관, 불교식으로 말하면 업식이 남아 있어서 그러지를 못하고 있습니다. 그런데 북한은 분단 이후로 통일문제에서 쭉 공세적 입장을 취해 왔기 때문에 지금 실제로는 수세에 있으면서도 말만큼은 공세적으로 하고 있어요. 지금 북한이 처한 위기상황을 이해한다면 말과는 달리 체제 방어에 총력을 기울일 수밖에 없다는 것을 알아야 합니다.

질문자는 "우리가 주인의식을 갖고 적극적으로 개성공단도 하고, 금강산 관광도 했는데 실컷 이용만 당했지 북한이 변했느냐?"라고 묻지만, 북한은 많이 변화했습니다. 그 변화가 우리가 원하는 만큼 극적인 것이 아닐 뿐이에요. 교류협력이 되고 외부 문물이 유입되면 북한 사회의 모습과 사람들의 의식은 변화할 수밖에 없습니다. 우리가 기대하는 것만큼 확 변화하지 않는다고 북한에 직접 '이렇게 저렇게 하라'고 요구하는 것은 지혜로운 방법이 아니에요. 북한이 예전에 우리에게 그런 식으로 간섭을 했어요. 여러분 기억납니까? 20~30년 전에는 선거할 때 북한이 남한에 어떤 후보를 지지하라고 지령을 보내기도 하고, 학생들이 시위를 하면 거기에 지지 표명을 하기도 했어요. 그게 북한이 원하는 대로의 효과를 거뒀습니까? 아닙니다. 항상 부작용이 있었어요. 이처럼 직접 간섭하는 방식은 북한 내부의 변화에 오히려 장애가 됩니다. 왜냐하면 우리가 '이렇게 하라'고 간섭하는 대로 북한 주민이 행동하면 이 사람들은 북한 정권 입장에서는 반체제 인사니까 강력한 처벌을 받을 수밖에 없어요.

우리 민주화투쟁 당시에 남북 간의 긴장이 완화된 상태였다면 민주화투쟁 하는 학생들에게 불리했겠습니까, 유리했겠습니까? 북한이 자기네 인사를 내려 보내서 시위하는 학생들과 접촉하고 지지해주면 오히려 간첩으로 붙잡혀 감옥에 갔지요. 이렇게 생각하면 우리가 북한의 진정한 변화, 조금 느려 보이더라도 확실한 변화를 가져오려면 변화할 수 있는 '환경'이 조성되어 스스로 변화하도록 해야 합니다. 우리가 어떤 전략을 취해야 할지는 과거 우리의 입장을 대입해서 생각해 보면 돼요.

저는 지금은 우리가 공세적일 때라고 생각합니다. 북한은 통일을 주도할 힘이 없고, 체제 위기 상황에서 자신들의 체제 보전에만 급급해요. 그러나 북한이 말이라도 통일을 주장하니까 우리는 이걸 우리에게 유리한 쪽으로 활용하면 됩니다. 만약 남북이 실제로 통일을 위한 단계를 밟아 나간다면, 북한은 말과는 달리 통일을 멀리하는 방향으로 관계를 유도하면서 자신들이 원하는 것만 받아내려고 할 가능성이 있습니다. 또 남북한이 교류할 때 자신들 체제에 균열이 가는 것을 막으려고 한쪽으로는 주민의 통제를 강화할 거예요. 이런 것들까지 우리가 예측하고 있으면 됩니다. 그런 북한을 우리가 이해하고 통일문제에 접근해야 합니다. 그래서 북한의 이런저런 핑계나 돌발행동을 감정적으로 비난하지만 말고 그들이 처한 상황에서는 불가피한 행동들이니, 이를 통일에 도움이 되는 방향으로 활용하자는 거예요. 북한이 하자는 대로 무조건 따라하자는 얘기가 아니라 주어진 상황에서 우리에게 유리한 쪽으로 지혜롭게 대응하자는 것입니다.

# 경제적·인적 교류는
# 통일의 시작이다

**66**

저는 북한에서 탈출한 지 20여 년이 됐고 한국에 온 지는 5년 조금 넘었습니다. 제가 한국에 왔을 때 10년 안에 통일이 될 것이라는 말을 많이 들었는데, 5년이 지난 지금도 여전히 10년 안에 될 거라는 말을 합니다. 그래서 답답합니다. 어떻게 하면 통일을 앞당길 수 있을까요? **99**

탈북민이니 통일의 필요성을 누구보다 더 많이 느끼시겠습니다. 통일이 돼야 고향에도 갈 수 있고 가족들도 만날 수 있잖아요. 그런데 통일은 그리 쉬운 문제가 아닙니다. 쉬웠다면 분단된 후 70년씩이나 이 문제를 해결하지 못 했겠습니까.

원래 각 시대마다 당시의 시대적 과제는 좀 막막해 보여요.
1970년대에 우리도 한번 잘 살아보자고 노래 부를 때 우리가 지
금 이만큼 잘 살게 될 거라고 생각했을까요? 못 했습니다. 1980
년대에 민주화투쟁을 하는 학생들이 감옥에 갈 때 정말 독재정권
이 무너지고 지금만큼 민주화가 될 거라고 당시 사람들이 상상했
을까요? 못 했습니다. 오히려 '계란으로 바위치기'라고 생각했
죠. 그런데 결과적으로 민주화가 이뤄졌습니다.

그것처럼 통일도 어려운 과제인 것은 맞지만 우리가 노력하
면 이뤄낼 수 있습니다. 다만 산업화, 민주화 과정에서 그러했듯
통일을 이루기 위해 앞장서 희생하는 사람들이 필요합니다. 개
인의 이익을 위해서가 아니라 민족의 미래를 위해서, 또 북한 주
민들의 생존과 인권개선을 위해서, 그리고 남한 청년들의 희망
을 위해서요. 이런 간절한 마음으로 자기 희생을 하는 사람들이
있고, 통일을 지지하는 국민들이 일정한 세력을 이루면 통일은
현실이 될 수 있습니다. 가만히 앉아 있는데 통일이 되겠습니까?
그것은 불가능한 일입니다.

그런데 지금 우리 국민 누구도 통일을 위해 희생하겠다는 사

람이 없어요. 다들 제 살기에 바쁩니다. 정치인들도 자기 당선에만 관심이 있고, 언론이나 기업도 자기 이익만 추구하고 있죠. 통일로 경제적 이익이 날 것 같으면 기업들이 통일에 호의적이었다가 아닌 것 같으면 입장을 바꿉니다. 통일 담론이 표를 얻는 데 유리할 것 같으면 정치인이나 정당이 통일은 대박이라고 하고 언론도 여기에 편승했다가 관심이 사그라들면 또 조용해지고, 이렇게 모두가 이해관계에 따라 입장을 바꾸면 통일은 어렵습니다. 중심을 딱 잡고 지속적으로 통일을 추진하는 세력이 있어야 해요.

우리가 얼마나 노력하느냐에 따라 다르겠지만, 정치적·군사적인 통일까지는 시간이 많이 걸릴 겁니다. 그런데 질문자에게는 지금 남북한 정치체제가 하나로 통합되는 것이 중요하지는 않잖아요. 질문자를 비롯한 탈북민 여러분이 가장 바라는 것은 북쪽에 있는 가족들과 연락하고 왕래할 수 있는 것 아닙니까? 그렇다면 우리가 통일하자는 방침만 확실히 정하면, 지금부터 바로 철도 복구하고 나무 심고 농업지원도 하면서 사람과 물자를 교류해 나갈 수 있어요. 안보를 굳건하게 유지하고 위험을 관리하면서, 북한의 반응과 상황 변화에 일희일비하지 말고 통일을 추진하면 질문자가 원하는 수준의 교류는 몇 년 안에도 가능합니다. 그런데 정치적으로 완전히 하나가 되는 데에는 10년이 걸릴지 수십 년이 걸릴지 알 수 없습니다. 그리고 완전한 정치적 통합에 몇 년이 소요되느냐 하는 문제는 우리 같은 일반 국민들에게 별로 중요하지 않아요. 오히려 정치·군사적 통일은 서두를수록 부담이 크고 부작용이 많으니까, 천천히 추진해서 사회 혼란을 최소화하는 것이 좋습니다.

질문자가 바라는 대로 전쟁이 일어나지 않고, 남북한 교류가 활성화되어 서로 오가는 수준은 남한 정부가 결심을 하고 북한과 협상을 서두르면 몇 년 안에 이룰 수 있는 일입니다. 이게 바로 통일의 시작이에요. 어서 그런 상황을 만들어서 질문자가 북한의 가족과 교류도 하고, 서로 오갈 수 있기를 바랍니다.

# 북한에 보낸 물품이 군대로 간다고 합니다

**"**

스님께서는 북한 어린이들에게 식량을 지원하고 계십니다. 그런데 그 식량이 다 어린이들에게 간다고 생각하십니까? 제가 알기로는 지원된 식량 중 많은 양이 다른 곳으로 빼돌려집니다. 알고 계신가요? **"**

일부가 유출되는 건 알고 있어요.

"그 유출된 식량이 어디로 가는지는 아십니까?"

일부 관료사회로도 가고 군대로도 가고, 여러 곳으로 나눠지는 것으로 알고 있습니다.

"그렇다면, 다음번에 식량을 지원할 기회가 있으면 또 지원하시겠습니까?"

네, 또 지원을 할 겁니다.

"일부분만이 아이들에게 돌아가고 나머지가 군이나 관료사회에 가는데, 스님께서 식량을 지원하시면 그것이 북한체제 유지에 조금이나마 도움이 된다고 생각하지 않으시는지요?"

북한체제 유지에 도움이 되느냐 안 되느냐를 따지는 것은 인도주의가 아닙니다. 굶주리는 사람들을 도와서 그들이 조금이라도 그 고통에서 벗어나게 할 수 있느냐를 따지는 게 인도주의에요. 정치적인 판단을 하고, 판단 결과에 따라 굶어죽는 사람을 도울지 외면할지를 정하는 것은 인도주의가 아닙니다.

"우리가 제공하는 도움이 굶주린 사람에게 온전히 갈 때 그것이 인도주의라고 할 수 있지, 다른 데로 새어나가면 인도주의가 아닙니다. 탈북민인 제가 북한에 있을 때의 경험에 비추어보면, 대한민국이나 유엔에서 들어오는 식량과 의약품이 일반 주민들에게 지원되는 경우는 거의 없습니다. 지원이 된다고 하더라도 주민들은 그것이 대한민국이나 유엔에서 보내준 것인 줄 몰라요. 왜냐하면 북한 당국은 지원물품들이 외부에서 온 것인 줄 모르도록 상표를 다 떼어 버립니다. 쌀 같은 것도 대한민국에서 지원을 받아 군이나 관료기관으로 빼돌릴 때 '대한민국'이 찍힌 포대를 다 바꿔버립니다. 스님 같은 분이 북한에 지원하신 물품들이 다 그런 식으로 유출됩니다."

질문자가 자기 얘기가 무조건 맞다, 100퍼센트 확실하다고 이야기를 하면 대화를 풀어나가기 어렵죠. 유출되는 경우도 있다, 그래서 그걸 유의해서 했으면 좋겠다, 이런 의견은 좋습니다. 지원 물품이 유출되는 경우가 있다는 것은 저도 알고 있어요. 도움이 필요한 곳에 외부 지원이 들어갈 때, 일부 유출이 일어나는 것은 세계 어디에서나 있는 일입니다. 그 유출의 비율이 어느 정도냐에 따라서 'JTS'나 '좋은벗들'이 지원을 하기도 하고, 중단하기도 하는 겁니다. 우리가 생각할 때 유출이 적정한 수준을 넘는다 싶으면 어쩔 수 없이 지원을 중단하고, 유출이 좀 일어나더라도 급한 사람에게 도움이 된다 싶으면 지원을 하는 것이고요. 이건 지원을 하는 사람들이 상황을 보고 판단을 하는 겁니다. 북한 지원 사업을 하는 사람들이 유출을 전혀 모르고 그냥 막 퍼준다고 생각하는 것은 실무자들을 바보 취급 하는 거예요. 우리도 지원 사업을 모니터링 할 수 있는 정보망을 가지고, 어디로 유출이 되는지를 조사해 가면서 십여 년을 해 오고 있습니다. 지원 사업에 쓰이는 돈이 얼마나 힘들게 마련한 것인데 어떻게 눈 감고 막 갖다 주겠습니까.

다만 대한민국 정부 차원에서 지원한 물품들이 주민들보다는 관이나 군에 많이 간 것은 사실입니다. 이 문제를 논의하기 위해 먼저 여러분이 아셔야 할 것이 있어요. 우리 정부가 지난 시기, 북한에 지원한 것은 인도적 지원이 아닙니다. 남북이 협의를 해서 식량 차관을 준 거예요. 우리 정부가 지난 시기 해왔던 대북 지원의 성격을 모르고는 지원 물품 유출과 이에 대한 우리의 감시 등을 제대로 논의할 수 없습니다.

식량 차관을 줬다는 것은 북한 정부가 남한 정부로부터 식량을 빌렸다는 이야기이고, 따라서 빌린 것을 어디에 쓸지는 북한 정부의 권리입니다. 차관으로 준 이상 우리 정부가 식량 배분에 간섭할 수가 없어요. 그래서 저는 차관 지원을 반대하는 겁니다. 차관 형식의 지원은 받지도 못할 돈을 주면서 북한 정부만 이롭게 하기 쉬워요. 차관을 줬으면 돌려받아야 하는데, 우리가 돌려받았습니까? 아니잖아요. 그러니까 무상으로 인도적 지원을 하면서 대신 모니터링을 강화하는 것이 좋습니다. 저는 그동안 늘 대북 지원에서 차관 형식을 취하는 것에 반대하고 인도적 지원을 할 것을 주장해 왔어요. 북한에 굶어 죽는 사람들이 있으니까 사상과 이념을 떠나 인도적 차원에서 지원을 해야 한다, 대신 정말 배고픈 사람에게 지원이 전달되도록 감독을 강화해야 한다고요. 무상으로 주면 감독 강화를 할 수 있지만, 빌려 주면 감독 강화를 할 수가 없어요. 그렇다면 왜 차관 형식을 취하게 됐을까요? 북한은 소위 얻어먹는 모양새가 되는 것을 싫어했기 때문에 빌리는 형식을 취하는 것이 편했고, 남한도 무상으로 주면 국민들의 반대에 부딪히니까 '빌려주는 것이다'라고 한 거죠. 이렇게 서로에게 편한 형식을 취한 것입니다.

북한에 지원된 식량이 유출되는 상황은 저도 잘 알고 있습니다. 민간단체나 유엔에서 지원한 것들이 예정된 곳으로 가지 않고 다른 곳으로 빠져나가지요. 탈북민들은 유출된 유엔 지원 식량을 장마당에서 사 본 경험도 있을 겁니다. 예전에 저희가 나진, 선봉의 탁아유치원에 아이들용 영양식 가루를 지원한 적이 있어요. 일반 식량은 전혀 포함시키지 않고요. 그랬는데도 모니터링 요원이 점검해보니 지원 기준이 된 명단의 아이들 수보다 출석한 아이들의 수가 적은 거예요. 탁아유치원에서는 오늘 무슨 일이 있어 결석해서 그렇다고 하는데 그 다음에 가도 또 숫자가 모자라죠. 이런 것이 항상 문제가 됩니다. 명단과 실제 출석하는 아이들 숫자의 차이만큼 초과 지원을 받은 거예요. 뭐 이런 경우는 물품을 빼돌리려고 일부러 속이는 경우라고 단정할 수는 없습니다. 지역에 따라 다르지만 북한 탁아유치원 출석률은 전체 등록한 아이들의 70퍼센트 수준이 채 안 되니까요. 하지만 어쨌든 아이들이 결석하는 만큼 초과로 지원을 받은 것이고, 그만큼 유출될 가능성이 있겠지요.

또 한국인이나 미국인 모니터링 요원이 가면 평양의 몇 군데 정해둔 곳만 보여주려고 하고, 지방은 잘 안 보여줍니다. 또 물품이 지원되는 현장은 잘 안 데려가고, 아이들 노래하는 것이나 유명한 장소 같은 것만 구경시켜 주려고 하고요. 그러면 우리도 모니터링을 할 때 대책을 세우죠. 우리 측 소속인데 조선족이라서 중국 국적인 사람에게 모니터링을 시키는 방식 등으로요. 중국 사람은 북한에서 운신의 폭이 좀 더 넓으니까요. 자세한 것들을 다 이야기할 수는 없지만 우리도 어떤 식으로 유출이 일어나고,

어떻게 모니터링을 피하는지에 대한 정보를 파악하고 있습니다.

이렇게 모니터링을 병행하면서 필요한 지원을 해 왔지만, 남북 긴장이 고조되어 있으면 북한에 지원을 할 수 없습니다. 우리 정부의 승인이 없어서이기도 하지만, 우리가 보낸 물품에 대한 모니터링을 전혀 할 수가 없기 때문이에요. 들어간 물품이 우리가 지원한 곳으로는 가지 않고, 군대나 관, 이런 곳으로 가버릴 가능성이 높으니 지원을 할 수가 없지요.

그러니까 너무 염려하실 것 없습니다. 일부 사람들이 생각하는 대로 '북한에 보낸 물품이 다 군대로 들어간다'는 것은 잘못된 생각입니다. 물론 원래 기증하려던 곳으로 100퍼센트 가지는 않지요. 물품 전달 과정에서 중간중간 약간씩 빠져나갈 수밖에 없습니다. 우리가 옛날에 미국으로부터 구호 물품을 받을 때도 그랬어요. 제가 초등학교 다닐 때 옥수수가루랑 우윳가루를 받았는데 그걸 나눠주신 선생님 집에 가보면 옥수수가루, 우윳가루 포대가 쌓여 있었어요. 이건 어느 나라에서나 일어나는 문제입니다.

또 다른 예를 들자면 몇 년 전 인도에 큰 가뭄이 들어 저희가 구호활동을 하러 갔는데, 어떤 인도 사람이 피해가 심한 마을에 우리 지원 물품을 보내도록 주선을 했어요. 그래서 제가 그 마을에 식량, 기름 등 네 종류의 구호물품을 나눠주었습니다. 그런데 시간이 좀 지나고 나서 이런 말이 제 귀에 들어왔어요. 마을에 도움이 꼭 필요하다고 저에게 소개를 해 준 사람이 와서 기름은 도로 걷어갔다는 겁니다. 그게 무슨 소리냐 하고 조사를 해 봤더니 주선자가 동네 주민들을 모아 놓고, 너희가 지원을 받게 된 것은 내가 스님한테 가서 이 동네의 어려운 사정을 잘 호소한 덕이니까 쌀 같은 것은 너희가 먹더라도 기름 한 병 받은 것은 나한테 내 놓으라고 해서 싹 걷어갔다는 겁니다. 민간인도 외부 지원 물품을 빼먹으려고 이런 짓을 하는데, 공권력을 가진 북한 정부가 지원 물품을 100퍼센트 지정된 곳으로 전달한다는 것은 현실적으로는 어렵습니다. 제가 지금 '유출이 일어나는 것은 당연하니까 별 문제가 아니다'라는 이야기를 하는 게 아닙니다. 도움이 필요한 사람이 너무 절박하다면, 즉 굶주려서 목숨을 잃는 지경이라면 유출이 좀 있더라도 도와야 하지 않겠느냐, 이런 이야기를 하는 겁니다.

북쪽에 퍼주기를 했다고 남쪽 사람들이 정부에 항의할 때 탈북민들은 의아할 수 있어요. 여기 와서 들으니 남쪽이 지원을 했다는데, 북한에 있을 때 무슨 지원 물품 같은 것을 받아본 적이 없기 때문입니다. 왜 그럴까요? 북한에는 식량 배분의 기준이 되는 등급이 있습니다. 1등급은 평양의 지배세력들입니다. 이들에게는 언제나 배급이 됩니다. 2등급은 군이나 경찰, 보위성 소속의 보안일꾼들입니다. 이들에게도 배급이 안정적으로 보장됩니다. 3등급은 김책제철소 같은 국영기업이나 군수기업에 소속된 노동자들인데, 이들에게는 배급이 불규칙합니다. 그 다음 4등급이 각 지역의 사업소 등에 배치된 일반 노동자들입니다. 그리고 농민들은 배급대상이 아닙니다. 자신이 생산한 것 중 일정 양을 우선적으로 분배받고 나머지를 당에 제공합니다. 북한은 현재 식량 부족으로 명목상으로만 배급제이지, 4등급 사람들에게는 배급을 하지 못한 지 오래 되었어요. 이런 상황에서 북한의 사정이 어려워 남한이 지원을 하면, 가장 아래 등급인 4등급부터 지원이 되는 것이 아니라 3등급이나 2등급에 먼저 들어갑니다. 또 1등급 사람들은 자기들이 알아서 필요한 것을 확보하고 있기 때문에 지원 물품이 별로 필요하지 않고요. 그래서 4등급이나 농민들은 외부의 지원 물품을 받을 기회가 별로 없는 거예요.

그래서 제가 주장하는 것은 북한에 식량 지원을 할 때 품목을

옥수수로 해서 한번에 많은 양을 보내자는 것입니다. 그러면 4등급이나 농민들도 식량을 받아서 먹을 수밖에 없습니다. 북한에 식량 위기가 왔을 때 이렇게 한 3년 정도 지원을 해야 굶어 죽는 문제를 해결하지, 조금씩 조금씩 지원하면 2, 3등급 사람들 위주로 지원이 가기 때문에 질문자가 이야기한 대로 북한의 체제유지에만 기여한다는 비판이 제기되는 것입니다.

이런 상황이기 때문에 탈북자 여러분들이 4등급이나 농민이었으면 지원 물품을 받기 어려웠을 것이고, 받았다고 하더라도 포대를 바꾸어 내용물만 나눠주니까 남쪽이 보냈다는 걸 알 수 없었을 거예요. 그래서 우리가 이런 문제를 해결하고 굶어 죽는 하위 계층 사람을 살리려면 첫째, 질이 좀 떨어지더라도 보내는 양을 늘려서 다수의 일반 주민도 지원을 받을 수 있도록 해야 합니다.

둘째, 일반 주민들이 식량을 제대로 받을 방안을 강구해 북한 정부에 요구해야 합니다. 여기에는 여러 가지 방법이 있을 수 있습니다. 예를 들면 남포항 한군데로만 보내지 말고 각 지역 항구에 나누어서 보내는 겁니다. 함경북도는 청진에, 함경남도는 함흥에 보내면 중앙에서 물품을 다시 거두어 가기가 어렵고, 해당 지역에서 바로 주민들에게 나눠질 가능성이 높아지죠. 더 확실한 방법도 있습니다. 북한 조선중앙 TV나 중앙방송 라디오에서 남쪽이 무슨 물품을 얼마나 보내 주었다고 방송하도록 북한 정부의 약속을 받는 거예요. 방송에 나왔는데 주민들이 물품을 못 받으면 항의를 하겠죠? 이런 식으로 좋은 방법들을 찾아 나가야 합니다.

탈북민 여러분들은 북한 내부를 잘 알잖아요. 북한을 잘 아는 사람들끼리 머리를 맞대고 우리는 지원 물품을 받은 적도 없고 지배층 저 놈들 미우니까 아무것도 주지 말자고 의논하지 말고, 도움을 주되 그 도움이 정말 필요한 주민들에게 잘 보내질 방법을 고민하고 연구하는 게 낫다고 저는 생각합니다. 북한을 잘 아는 사람들이 의논을 해야 좋은 방안들이 나올 테니까요. 북한 식량 사정이 어려울 때 외부 지원이 없으면 누가 굶어 죽니까? 지배계층이 굶어 죽나요, 일반 주민이 굶어 죽나요? 저는 그게 안타까운 겁니다. 평양의 지배세력들에게 문제가 생기면 아무 지원도 하지 말자는 데 찬성할 수 있겠지만, 아무리 외부 지원이 없더라도 그 사람들은 별 문제가 없습니다. 이런 측면에서 질문자가 다시 한 번 생각해 볼 필요가 있겠습니다.

# 탈북민이 통일에 기여하려면

❝
저는 탈북민의 한 사람으로서 남한 사회 정착에 어려움을 겪는 탈북민들이 어떻게 하면 적응을 잘 할 수 있을지 궁금합니다. 그리고 개인적으로 통일에 도움이 되고 싶은데, 남한으로 온 3만이 넘는 탈북민들이 어떤 역할을 할 수 있을지 스님의 좋은 말씀 부탁드립니다. ❞

탈북민 여러분들, 남쪽에 정착해 살기가 쉽지 않지요? 북한에서 고생하다 처음에 남쪽에 왔을 때는 무슨 일을 해도 먹고살 만하잖아요. '야, 이 정도면 참 많이 번다' 싶은데 좀 살다보면 자본주의 사회라는 게 만만치 않습니다. 독일도 통일 직후에는 동독 주민들이 좋아하다가 시간이 지나면서 자본주의에 적응을 못하는 사람들이 생기고, 사회주의를 그리워하는 사람들도 생겼다지 않습니까. 여러분이 일자리를 찾는 과정에서 만나는 알선자들, 직장에서 만난 상사와 동료들, 또 돈 문제로 얽힌 여러 남한 사람들 중 어리숙한 이들은 별로 없습니다. 다들 영악해요. 그래서 여러분이 고생을 많이 하는 것을 제가 압니다.

하지만 이렇게 한번 생각해 보세요. 여러분에게는 남한 사람들이 가지지 못한 소중한 자산이 하나 있습니다. 바로 어려움을 많이 겪어봤다는 겁니다. 남한 사람들도 저처럼 나이가 많은 세대들은 어릴 때 식량이 없어서 참 힘들었죠. 여러분 보릿고개라고 알아요? 보릿고개 때 식량이 떨어져 곡식이 없으니까 밥에 시래기나물을 섞어 먹고, 봄이 되면 산에서 소나무 껍질 벗겨 먹고, 칡도 캐먹고 그렇게 살았습니다. 북한처럼 풀뿌리를 캐먹고, 기근이 심하면 얼굴이 붓는 부항이 들었어요. 그래서 저 같은 사람은 한국 사회에서 살기가 굉장히 좋아요. 무슨 일을 해도 먹고살수가 있어요. 본인이 열심히 일하겠다는 의지만 있으면 돈이 길거리에 깔려 있습니다. 우리 어릴 때는 머슴이 있었잖아요. 일 년 내내 머슴살이를 해도 큰 머슴이 일 년에 쌀 일곱 가마니밖에 못받았습니다. 돈으로 따지면 백몇십만 원 정도니까 한 달 월급이

십만 원 남짓인 셈이지요. 그런데 요즘은 어딜 가서 뭘 해도 7~80만 원 이상은 받지요. 그래서 접시 닦는 일이든 뭐든 할 생각이 있다면 밥을 못 먹고산다는 것은 있을 수 없는 일입니다.

그런데 남한의 젊은이들은 저희 세대가 어렸을 때처럼 힘든 생활을 안 겪어봤어요. 부모가 이것저것 다 해주는 데만 익숙해서 어렵고 힘든 일은 안 하려고 합니다. 그래서 고생을 해본 사람들이 남한 사회에서 열심히 노력하면 한국 사람보다 더 잘살 수도 있어. 제가 아는 베트남, 네팔에서 온 어떤 외국인 노동자는 열심히 일해 돈을 모으더니 고향으로 안 돌아가고 한국에 가게를 내서 지금은 한국 대학생을 종업원으로 두고 가게를 운영합니다. 그러니까 탈북민 여러분이 북한에서, 또 중국에서 먹고살기 위해 온갖 고생을 했던 경험을 살려서 '농촌에서 농사일을 하든 도시에서 공장일을 하든 뭐든지 좋다' 하는 마음을 내면 못할 게 없습니다.

저는 탈북민들에게 주는 정부 보조금에 반대하는 입장입니다. 이 보조금이 탈북민들의 남한 정착을 오히려 방해하는 경우가 많아요. 남한 사회에 빨리 정착하려면 오자마자 일을 하는 것이 좋은데, 보조금에 의지해서 1년 정도를 허송세월하는 탈북민이 많습니다. 또 요즘에는 탈북민 수가 많아져서 덜하지만, 교회에서 간증을 하면 돈을 주고 이러니까 노동하지 않고 돈을 버는 데 익숙해져 버려요. 불로소득이 자꾸 생기면 정신력이 약해지는 것이 이치입니다. 그래서 여러분이 처음에는 좀 어렵더라도 북에서 힘들게 살아본 경험을 살려 '남조선 사람들은 엄두를 못 내는 힘든 일도 나는 할 수 있다'는 결심으로 무슨 일이든 해서 10년쯤 고생하면 단단하게 자리를 잡을 수 있습니다. 그런데 정부 보조금이나 종교단체에서 주는 도움에만 의존해서 살면서, 자기 가게 가지고 장사하는 남한 사람들 쳐다보고 '나는 언제 돈 벌어서 저리 되나…' 하고 부럽게 생각하면 적응이 어려운 것이 당연합니다. 정부 보조금에 반대한다니 스님이 밉겠지만 이건 정말 제가 여러분을 아끼는 마음에서 하는 이야기예요. 도움 받는 걸 좋아하고, 누가 좀 안 도와주나 하는 마음이 습관이 되면 결국은 정착에 실패합니다. 힘들어도 스스로 이겨내야 해요. 누구도 내 인생을 대신 살아주지 않고, 내 어려움을 대신 극복해주지 않습니다.

그리고 질문자의 바람대로 통일 준비 과정과 통일 이후에 탈북자 분들의 역할은 막중합니다. 지금 우리가 통일 이야기를 하면 북한 정부, 남한 정부, 남한 주민, 이 셋의 목소리만 나오잖아요. 북한 주민의 입장이나 이익은 전혀 반영되어 있지 않습니다. 그런데 현실적으로 지금 북한에 있는 일반 주민들이 자신들의 목소리를 내기는 어려우니까, 탈북민 여러분이 그것을 대변해 주면 좋겠지요.

그렇다면 어떻게 북한 주민의 입장을 반영시켜 나갈지 탈북민 여러분이 고민해야 합니다. 필요하다면 조직을 만들어서 활동할 수도 있고요. 그리고 통일이 진행되는 과정에서 여러분이 북한에 돌아가 북한 주민들의 지지를 받고, 때로는 그들의 대표가 될 수 있어야 해요. 저는 탈북민들이 이런 꿈을 가졌으면 좋겠습니다. 남한 사회에서 돈을 몇 푼 더 벌고 그런 것은 별로 중요하지 않아요. 마음에 이런 목표를 딱 품고 살면 지금 하는 고생이 힘들지 않습니다.

어떤 학생이 미국 유학을 갔는데, 박사 학위를 딴다는 목표를 가지고 접시 닦는 일을 하면 그게 부끄럽지 않아요. 내가 평생 접시 닦고 살려는 게 아니라, 이렇게 번 돈으로 박사 학위를 따서 한국에 돌아갈 거니까요. 그래서 여러분이 남한 사회에서 약간 괄시를 받고 힘들더라도, 통일문제에서 북한 주민들의 입장을 대변해 주고 또 북한에 돌아가 내 고향을 재건한다는 꿈을 가지면 여기서 하는 고생은 감내할 수가 있습니다. 이런 목표가 없으면 밥은 먹고살겠지만 마음은 진짜 힘들어요.

또 앞으로 통일이 진행되는 과정에서 남북의 사람들이 뒤섞여 북한을 개발하면 굉장히 많은 갈등이 일어날 겁니다. 탈북민 여러분이 남한에 정착해 살면서 남북한 사람 사이에 생기는 갈등을 어떻게 극복할 것인지 연습을 해 나가야 해요. 그래서 통일 이후 통합된 사회에서 남한에 먼저 와 살았던 탈북민 여러분이 남북 주민 통합이 수월해지도록 하는 윤활유 같은 역할을 해 주어야 합니다. 그렇기 때문에 여러분의 존재는 매우 귀하고 소중합니다. 이렇게 생각하면 탈북민 여러분은 남한 사회에 살면서 하루도 삶을 허투루 보낼 수가 없을 것입니다.

# 나를 넘어 통일로 가는 길

# 한국이 지상낙원인 줄 알았어요

**"**

저는 한국이 지상낙원이고 천국인 줄 알고 북한에서 왔습니다. 한국에 오면 돈이 하늘에서 뚝뚝 떨어지는 줄 알고 왔는데, 정작 와보니 생활하는 데 너무 어려움이 많습니다. 탈북민들이 한국에 정착하고 살기 위해서는 하나부터 열까지 다시 시작해야 하고, 또 외래어를 잘 모르다 보니 언어 면에서도 적응이 어렵습니다. 정말 뭐부터 시작해야 할지 마음의 갈피를 못 잡겠습니다. 탈북민들이 정신적으로나 육체적으로 힘들고 지칠 때 마음의 상처를 달래줄 수 있는 좋은 말씀을 부탁드립니다. **"**

한국이 지상낙원인 줄 알고 오셨군요. 그런데 한국 사람들은 미국이 지상낙원인 줄 알아요. 무려 2백만 명이나 미국에 가서 살고 있어요. 또 요새 한국 젊은이들은 유럽이 지상낙원인 줄 압니다. 영국에 5만 명, 독일에 4만 명, 프랑스에 2만 명 가량의 교민이 살고 있어요.

제가 2014년에 유럽 25개 도시와 미국 56개 도시, 캐나다, 남미, 호주와 뉴질랜드를 거쳐 동남아를 돌아 일본까지, 총 115곳에서 강의를 했습니다. 중동과 아프리카를 제외하고 전 세계를 다닌 셈이지요. 그곳에 사는 사람들을 만나기 전에 저는 부유한 선진국에 간 사람들은 참 행복하고 후진국에 사는 사람들은 매우 힘들 거라고 생각했어요. 그런데 현장에 가 보니 정반대였습니다.

유럽, 미국 같은 선진국에 간 우리나라 사람들은 대다수가 육체노동을 합니다. 이런 선진국들은 우리나라보다 최저임금이 몇 배 높으니 그만큼 월급을 많이 받을 수 있어요. 그런데 월급이 그 나라 수준에서는 별로 많은 돈이 아니고, 임금이 높은 만큼 소비수준도 높아서 살기가 쉽지 않습니다. 몇 년 동안 돈을 벌어서 한국으로 오는 경우가 아니면 우리 교민들은 대체로 그 사회에서 가장 가난하게 삽니다. 의사 등 몇몇 성공한 사람들을 제외하고

는요. 그래서 우리 교민들이 일곱 평, 열 평 정도 원룸에서 생활하는 사람이 많고, 제가 그곳에 가서 신세를 질 때면 원룸 구석에 침낭을 깔고 하룻밤 묵는 경우가 많았습니다.

그런데 인도네시아나 필리핀 같은 동남아시아 국가나 남미의 브라질, 아르헨티나 같은 곳에 갔을 때는, 공항에 마중나오는 사람도 큰 차를 타고 나오고, 집은 또 대궐 같습니다. 이런 나라에 간 사람들은 주로 노동이민이 아니라 투자이민을 가서 그렇습니다. 우리나라에서 돈을 가지고 가서 가게를 열고 현지인을 종업원으로 고용해 장사를 한다든가 하는 식으로요. 그래서 한국인들은 여유가 있고 잘 사는 계층에 들어갑니다. 마치 미국 사람들이나 유럽 사람들이 한국에 와서 외국인촌 같은 곳에서 부자로 사는 것처럼 말이에요. 이것은 돈 일억 원 가진 사람이 천만 원 가진 사람들 동네에 가서 살면 부자고, 백억 원 가진 사람들 동네에 가면 가난뱅이가 되는 것과 같은 이치입니다.

미국이나 유럽에서는 이민 온 한국 사람이 서울대나 연고대 같은 유명한 대학을 나왔는지에 전혀 관심이 없어요. 접시를 잘 닦거나 요리를 잘하는 것 같은 구체적인 기술을 가지고 있느냐,

즉 어떤 일을 잘하느냐가 중요한 거지요. 마찬가지로 우리나라에 와 있는 베트남 사람이 하노이 대학을 나오든 사이공 대학을 나오든 우리는 관심이 없잖아요. 그것처럼 여러분이 김일성종합대학이나 김책공대 나왔다고 해도 남한에서 누가 알아주겠습니까. 그러니까 여러분이 이곳에 정착하는 데는 시간이 좀 걸려요. 식물도 그렇잖아요. 나무를 캐서 다른 곳으로 옮겨 심으면 자리를 잡고 뿌리를 내리는 데까지 시간이 좀 걸리잖습니까.

여러분이 남한에 오니 북한보다 이곳이 훨씬 낫지요? 거기서 한 달에 50불 벌었는데 여기 오니 1000불도 벌 수 있잖아요. 여기서 돈 벌어서 그 돈 가지고 고향으로 돌아가면 가게라도 하나 차릴 수 있으니, 형편이 좋아진 것 아닙니까. 그러나 여기 계속 산다면, 여러분은 이민자니까 상층부로 진입하기가 쉽지 않겠지요. 몸뚱이 하나만 가지고 그저 살기 위해 남한으로 왔으니까, 자리를 제대로 잡기가 쉽지 않아요. 사람이 살다보면 평소 아는 사이끼리 서로 돌봐주고 이끌어주고 그러는데, 이곳에는 학교 동기도 없고 고향 사람도 없잖습니까. 마치 식물 뿌리를 뽑아 다른 곳에 옮겨 심어놓는 것과 같으니 몇 년 고생을 할 수밖에 없어요. 또 사람이 자기가 살던 곳을 떠나면 좀 괄시를 받아요. 본래 그곳에 살던 사람들이 텃세를 부리니까요.

하지만 2천만 북한 사람 중에 중국을 거쳐 대한민국에 온 경우는 0.1퍼센트도 안 되는데, 여러분은 그 안에 포함되니까 기적이지요? 그러니 악착같이 일해서 정착도 하고 성공도 하세요. 그래서 남북관계가 점차 좋아져서 남북이 자유롭게 왕래할 수 있게 되면 고향에 투자해서 그곳에서 나를 무시했던 사람들, 예를 들면 당 간부들에게 본때를 보여주는 거예요. 사람이 그런 목표를 가지고 있어야 살맛이 나지, 여기 남한 사람들을 쳐다보며 나는 언제 저렇게 돈 벌어 잘 살까만 생각하면 괴롭기만 하고 적응하기가 어려워요.

그런데 이렇게도 생각해 볼 수 있어요. 외국으로 이민을 가면 바로 영주권 주고 시민권 주지 않는데 여러분은 남한으로 오자마자 주민등록증 받고 정착금도 받지요? 전 세계 어디를 가도 외국에서 왔다고 정착금 주는 나라는 없습니다. 그런데 우리는 정착금에 더해 직장도 알선해 주고 집도 주선해 줍니다. 여러분이 대한민국에 세금을 낸 적도 없고 충성을 한 적도 없는데 이렇게 지원해 주는 것을 생각해 보세요. 서울에 집 구하기가 쉽지 않습니다. 한국에서 태어난 젊은이들도 서울에 집을 못 구해요. 생각을 바꿔야 여기에 적응해서 잘 살아갈 수 있어요.

도움을 받으려는 생각만 하면 이곳에 정착하기 어려워요. 그것은 미국, 유럽 같은 선진국을 포함한 세계 어느 나라에 가도 마찬가지입니다. 그러니 각오를 해야 해요. 제가 중국에서 난민들을 도울 때 이렇게 얘기했습니다. 억만금을 줘도 난 북한에서 살기 싫다면 한국으로 가는 걸 도와주지만, 먹고사는 게 힘들어서 한국으로 간다면 돈을 줄 테니 다시 북한으로 돌아가라고요. 고향을 떠나면 사는 게 너무 힘들어집니다. 여러분은 한국에 오면 그래도 말이라도 통하지만, 외국으로 나가면 말도 통하지 않고 인종차별 문제도 있습니다. 이런 조건에서도 30~40년간 해외 교민들이 현지에서 자리를 잡아서 그런대로 살고 있는 거예요. 그런 것처럼 처음에는 좀 어렵지만 여러분도 한국에서 10~20년 정도 잘 적응하고 나면 중산층이 될 수 있습니다. 어린 시절부터 밭 매고 낫질하고 톱질하고 지게질하면서 자랐기 때문에 먹고살려면 어떤 일이든 할 수 있으니까요. 북한에서 어렵게 살아봐서 단련되어 있으니 한국에서 고생이 좀 되더라도 견뎌낼 수 있을 거예요.

베트남이 통일할 때 남베트남 사람 4백만여 명이 제 나라를 떠났습니다. '보트피플'이라고 불린 이 사람들은, 탈북민처럼 베트남을 떠나 미국에서도 살고, 호주, 유럽 등지로 가서 고생을 엄청 했습니다. 그런데 통일된 지 10~20년이 지났을 때 베트남이 개방 정책을 폈어요. 경제 개방을 하고 투자를 유치한 거예요. 그래서 고향을 떠났던 베트남 사람들이 외국에서 고생해 번 돈을 가지고 베트남으로 돌아가서 부자가 됐지요. 또 이 사람들이 가지고 돌아간 돈이 투자자금이 되어 베트남 발전의 한 원동력이 됐습니다.

이런 사례를 봤을 때, 남북관계가 좋아져서 서로 왕래할 때가 되면 북한을 잘 아는 여러분이 가장 이익이겠지요? 그때 고향으로 돌아가서 어디에 어떻게 투자하면 돈을 벌 수 있는지를 여러분이 누구보다 잘 아니까요. 그러니 여러분은 장기적인 인생 계획을 세워야 합니다. 군사·정치적 통일은 쉽지 않겠지만, 우선 남북이 자유왕래를 하고 북한에 투자할 수 있는 정도까지 되어, 여러분이 고향도 방문하고 가족들끼리 오가는 일들이 이뤄지면 여러분은 여기서 익힌 기술과 축적한 자본을 들고 고향에 돌아가 고향을 재건하는 일을 할 수 있습니다. 그러니 남한 사람이 모두 통일에 반대해도 여러분은 통일을 하자는 목소리를 내야 합니다.

우리 사회에서 이민자들은 소수자로 차별을 받습니다. 북쪽에서 온 탈북민들, 중국에서 온 우리 동포 조선족들, 또 동남아 지역에서 온 이민 노동자들, 그리고 결혼 이민자들이 그래요. 외국 여자분들이 한국에 시집오면 구박을 받기 쉽고, 아이를 낳아 학교에 보내놓으면 그 아이가 또 혼혈이니 하는 말을 들으면서 차별받습니다. 여러분에게 어려움이 많은 줄 알지만, 그래도 우리나라에 들어와 사는 사람들 중에서 제일 나은 사람들이 탈북민이라고 생각하면 좋겠습니다. 한국 사람들과 비교하면 불리하지만, 이민자들 중에서는 가장 낫습니다. 이렇게 생각하며 정착하시고, 고향 건설의 꿈을 키워가기 바랍니다.

그리고 한국 생활 하면서 누가 물을 때 여러분이 북한에서 왔다는 걸 숨길 필요는 없습니다. 그렇다고 굳이 북한에서 왔다는 걸 먼저 밝힐 필요도 없어요. 누가 어디서 왔냐고 물으면 지금 사는 곳을 말하면 됩니다. 천안에 살면 천안에서 왔다고 하면 되지, 함흥에서 왔다고 말할 필요는 없습니다. 다만 고향이 어디냐고 물으면 함흥이라고 말하세요. 한국 아니라 미국에 가서도 한국에서 왔다고 당당하게 말해야지, 얼버무리고 감출 필요는 없습니다. 왜냐하면 인간이 태어난 고향으로 차별받아서는 안 되기 때문입니다. 내가 북한 출신이라는 데에 열등의식을 갖거나 숨길 필요가 없습니다. 여기서 당당하게 경쟁해서 살아가려는 마음가짐이 필요합니다.

# 북한 이탈주민이라는 편견이 싫어요

**"**

저는 2000년대 중반에 한국으로 왔습니다. 처음에는 좋았지만 생존경쟁이 치열한 사회생활을 해내기가 너무나 힘들고 어렵습니다. 특히 언어의 차이, 문화의 차이로 인한 취업의 어려움을 이겨내기가 힘듭니다. 하지만 그보다 더 어려운 것은 북한 이탈주민이라는 편견입니다.

이런 어려움에 더해 북한과 중국, 그리고 남한에서 겪은 정신적인 고통도 있습니다. 저희 탈북민들은 중국에서 불법 체류로 강제 북송되어 수용소에서 육체적인 손상을 받아 만성질환자가 된 사람이 많습니다. 그런 사람들 중에는 정신질환자도 많구요. 또 저희들은 자유를 찾아 왔다고는 하지만 제 생각에는 자유롭지 않은 것 같습니다. 대한민국 국민이지만 불안한 신분으로 생활하고 있습니다. 다문화가족과 비교해 봤을 때 그들은 아무 때나

고향에 갈 수 있고 부모 형제와 전화도 할 수 있지만 저희들은 그렇게 할 수 없습니다. 북한에 있는 부모 형제의 걱정과 그리움은 더 이상 말하지 않아도 잘 아실 겁니다. 지금 저희들에게 가장 큰 어려움은 외로움입니다. 직장을 구할 수 있도록 도와주는 것도 좋지만 그보다 외로움을 극복할 수 있도록 도와주는 것이 더 필요합니다.

이렇게 어려운 현실을 이겨내지 못한 탈북민들 중에는 범죄를 저지르는 사람, 외국으로 떠나서 방황하는 사람도 있고, 최근에는 북으로 다시 가는 사람도 나오고 있는 형편입니다. 저희는 북한의 인권 상황을 국제사회에 알리며, 통일 이후 일어날 문제점들을 미리 경험하게 해줄 통일의 중요한 인재들이라고 말하고 싶습니다. 저희들이 이 사회에 정착하는 과정에서 나타나는 문제들을 어떻게 해결하면 좋을지 알고 싶습니다. **99**

자기가 태어나고 자란 고향을 떠나 다른 지방에서 살려면 풍속이 달라서 적응하기가 쉽지 않습니다. 전라도나 경상도 사람이 서울에 살거나 아니면 충청도에 태어나 경상도에 가서 살아도 풍속이 달라 적응하기가 쉽지 않은데, 하물며 남북이 분단되고 반세기가 넘게 지난 이런 상태에 북한에서 혈혈단신 남한에 와 생활하는 게 얼마나 어려울지 우리는 짐작할 수 있습니다. 물론 당사자가 겪는 것만큼 자세히 알 수는 없겠지만요. 외로움과 차별, 그리고 현실에 적응하는 어려움에다가 북한과 중국에서 겪었던 고통 때문에 아마 더 힘드실 겁니다. 그러나 자꾸 힘든 쪽으로만 생각하면 앞으로 희망이 없어져요.

관점을 바꿔서 이렇게 한번 생각해 보세요. 북한에서 살 때 먹고살기도 어렵고 인권 침해도 심각했는데 여러분은 거기서 어떻게든 벗어난 반면, 지금도 거기에서 살고 있는 사람들도 있지 않습니까. 지금 남한에서 적응하기가 아무리 어렵다고 해도 북한에서 사는 것보다는 그래도 생활이 낫지 않아요? 북한을 탈출해서 중국에 갔을 때, 중국이 북한과 비교해서 천국 같았지요? 먹는 것도 넉넉하고 여러 가지로 좋았잖습니까. 그런데 중국에 살면서 체포될 위험 때문에 늘 쫓겨 다니고 인신매매되고, 처음에는 천국 같았던 중국생활이 힘들어 이렇게 고생하고 살 바에야 차라리 북한에 가는 게 낫겠다는 생각도 들었을 겁니다. 그래도 북한에 돌아가지 않고 중국에 살았던 이유는 중국도 어렵지만 북한보다는 그래도 거기가 낫겠다 싶어서 중국에 산 것이지요?

그리고 중국에서 한국에 오려고 또 얼마나 몸부림쳤어요? 오고 싶은 사람 다 온 것도 아니잖아요. 그런데 여러분은 요행히 여기까지 왔단 말입니다. 와 보니까 중국보다 훨씬 낫고 쫓겨 다닐 염려도 없고 체포되어 송환될 걱정도 없습니다. 신분이 안정되었잖습니까. 그런데 여기 살아보니까 또 문제가 발생해요. 이럴 때 여기서 또 못 살겠다 해서 캐나다나 영국 등 외국으로 간다면, 거기는 어차피 한국말을 안 쓰니까 북한 사투리 쓴다고 알아챌 사람도 없고 차별도 없겠지요. 그런 면에서는 좋아요. 그러나 다른 차별이 있어요. 동양인이라는 차별을 받습니다. 또 영어로 말하니까 말이 안 통해요. 남한에서는 북한 사투리지만 그래도 말은 다 통하는데 그곳에서는 아예 말이 안 통하니 비교할 수 없이 어렵겠지요? 한국에 와서 근무환경이 힘든 곳에서 일하니 힘들겠지만 캐나다나 영국 같은 외국에 간다고 안 그럴까요? 영어도 할 줄 모르고 문화도 다른 동양인에게 돌아올 일자리는 막노동 외에는 없을 겁니다. 그러니까 한국에서와 똑같은 문제가 발생하게 된다는 말입니다.

즉 북한에서 중국으로 갈 때는, 중국에 가기만 하면 잘 살 것 같은데 막상 살아보면 힘들어서 못 견디겠고, 한국으로 오면 중국에서 겪었던 그런 어려움은 없지만 또 여기서도 살기에 어려움이 있습니다. 그래서 아예 외국으로 간다 해도 또 새로운 문제가 발생합니다. 이렇게 방황하면 세계 어디를 가도 못 살아요. 천국에 가도 불평불만이 생겨서 못 살겠다고 할 거에요.

그러니 질문자는 '북한에서도 살았는데 중국에서 왜 못 살겠느냐?' 또는 '불안하게 쫓겨 다니던 중국에서도 살았는데 한국에서 무엇 때문에 내가 못 살겠느냐?' 이렇게 생각해야 해요. 탈북민들이 남한에서 주로 힘든 업종에 종사한다고 하지만 중국에서는 그보다 더 더럽고 어려운 일을 차별과 저임금을 견디면서 하지 않았습니까? 그래도 한국에서는 주민등록증도 주고 신분도 보장해 주잖아요. 한국에 돈 벌려고 와있는 제3세계 노동자들은 여러분이 중국에서 그랬던 것처럼 불법 체류자가 많습니다. 그 사람들은 잡히면 본국으로 바로 송환됩니다. 그런데 여러분은 신분이 보장되니까 체포되어 송환될 위험은 없습니다. 또 집세를 내기는 하지만 아파트도 주고 정착금도 주잖아요. 그렇기 때문에 불법 체류하는 외국인 노동자들에 비해 탈북민들은 월등하게 좋은 조건에 있는 겁니다.

"저는 정부에서 우리 탈북민들에게 관심을 가져주는 것은 정말 고맙게 생각합니다. 그래서 우리가 여기에 와서 열심히 사는 거라고도 생각하고 있습니다. 그 부분을 말씀드린 게 아니고, 지금까지 우리가 수십 년 동안 갈라져 있으면서, 이질적인 제도와 문화에서 살다보니, 서로 갖고 있는 인식이 다르지 않습니까. 만약에 남북 사이에 무슨 안 좋은 일이 생기면 남한 사람들이 우리를 적대시하고 그럴까 봐 걱정이 됩니다."

예를 들어 독도 분쟁 같은 일로 일본과의 관계가 나빠지면 우리 국민들이 일본 국민을 싫어하게 되고, 학교에서도 누구 엄마는 일본 사람이라고 하면서 따돌리고, 동네에서도 미워하는 일이 생깁니다. 북한과 일본의 관계가 나빠지면 일본에 있는 조선학교 학생들을 상대로 일본 애들이 돈을 뺏거나 침을 뱉는 등 시비를 거는 일도 있습니다. 이건 문화적으로 일어나는 현상이고, 일반적인 사람들의 감정이 그렇게 올라오는 것입니다.

한국 사람이 특별히 북한에서 온 사람에게 못되게 굴고 차별하는 것은 아니에요. 다만 남한 사회에서는 탈북자들이 워낙 소수니까 대화를 하다가 말씨가 좀 특이하면 "어디서 왔어요?" 하고 묻지 않겠어요? "북한에서 왔다"고 하면 '오, 저 사람은 북한 사람이구나' 이런 생각이 그 사람 입장에선 들겠죠? 북한에서도 만약에 남한에서 왔다고 하면 '오, 저 사람은 남조선 사람이다' 이런 생각이 들 거 아니에요. 그리고 대한민국에서 북한 사람은 소수이고, 연변 사람은 30만쯤 되니까, 북한 말씨를 쓰면 남한 사람들은 보통 중국 조선족인 줄 알아요. 더 이야기를 하다 보면 북한 사람인 줄 알지만요. 이런 이야기를 하는 것은 지금 남한 사람이 잘하고 있다는 얘기를 하려는 게 아니라, 탈북민인 질문자가 남한 사람이 왜 그렇게 반응하는지를 이해하는 자세를 가지면 남한 생활에 정착하기 쉽지만, 어려움만 얘기하면 정착하기가 굉장히 어렵다는 말을 하려는 거예요. 전 세계 어디를 가도 마찬가지에요.

옛날에, 군사정권 시절에 우리나라 사람들이 전두환 대통령을 욕하고 그랬어요. 그렇지만 외국 사람이 우리나라 대통령을 비판하면 우리가 듣기에 기분이 안 좋습니다. 우리가 욕하는 건 괜찮지만 남이 욕하는 건 듣기가 싫고 기분이 나쁩니다. 전두환 욕하는 게 꼭 한국 욕하는 것 같아서 그런 겁니다. 그것처럼 탈북민들끼리는 북한 흉을 보고 욕을 해도 괜찮지만 한국 사람이 북한 욕을 하면 탈북자들은 기분이 나쁠 겁니다. 마치 자신을 욕하는 것처럼 느껴지니까요.

제가 여러분에게 당부드리고 싶은 게 하나 있어요. 북한을 나쁘다고 욕하지 말라는 겁니다. 자기 고향을 나쁘게 말하는 게 여러분에게 좋지 않습니다. 왜냐하면 탈북민 여러분도 북한에서 온 사람이니까 남북 사이에 어떤 상황이 생기면 여러분도 욕을 얻어먹어요. 남한 사람이 볼 때는 여러분이 북한을 대표하는 것처럼 느껴지니까요.

탈북민들은 고향을 아끼는 마음을 가져야 합니다. 남북관계에 좋은 작용을 해서 통일에 기여할 수 있는 마음 자세가 필요합니다. 자꾸 북한 욕을 하면 오히려 통일에 나쁜 영향을 미칠 수도 있어요. 북한에서 온 사람들이 남북관계에 갈등이 있을 때 이 갈등을 완화하는 역할을 해주면 좋은데, 반대로 남북간 갈등을 더 강화시키는 역할을 한다면 이것은 그분들이 의도한 바는 아니겠지만 통일에 역작용을 하게 됩니다. 그래서 한국에 와서 살 때는 한국의 좌우 정치이념에 너무 휩쓸리면 안 됩니다. 탈북민들이 거기에 휩쓸리기가 쉽거든요.

남한 사람들도 남북관계에 갈등이 있을 때 아무 죄 없는 탈북민들한테 분풀이하듯이 이야기하는 것은 옳지 않아요. 그게 큰 상처가 될 수 있으니 남한 사람들도 그 점은 유의해야 합니다.

# 슬픔을 어떻게 극복해야 할까요

**❝**

우리가 세상을 살아가면서 힘든 순간도 있고 행복한 순간도 있는데, 스님께서는 지금까지 살아오시면서 가장 힘들었던 순간은 어느 때였는지요? 그리고 그 힘들었던 순간, 슬펐던 순간을 어떻게 극복하셨는지 궁금합니다. 우리 탈북민들도 힘들고 슬펐던 순간이 많았는데요, 한국에 오는 과정에서, 또 여기에 와 정착하면서도 힘들고 슬픈 순간들이 있었습니다. 이 슬픔을 어떻게 극복해 나가야 할지 아직 잘 모르겠습니다. **❞**

1970년대 말, 제가 정보기관에 붙들려 간 적이 있어요. 그때는 독재가 제일 심할 때였는데, 정치적인 사건도 많이 생기던 시기였지요. 제가 당시 유명한 학원 선생이어서 돈도 잘 벌던 때였어요. 그런데 정보기관에서 저를 갑자기 끌고 가서 두들겨 패고 고문을 하는 겁니다. 나중에 알고 보니 정치적인 사건에 연루된 사람의 수첩에 제 이름이 있었던 거예요. 그래서 제가 끌려가 고문을 당했는데, 다리를 삼단으로 접어서 누르고 등허리를 문턱에 걸쳐놓고 누르고, 얼굴에 수건을 덮어놓고 주전자로 물을 부어서 숨을 못 쉬게 해 기절시키더라고요. 진짜 내 손가락이 권총이었다면 나를 고문했던 그 사람들 다 쏴죽이고 싶었습니다.

고문을 한참 하다가 제가 기절하면 좀 쉬고, 깨어나면 또 고문을 하고 그랬는데 휴식 시간이 있었어요. 그때 이 사람들이 담배를 한 대씩 피우면서 누군가가 그러는 거예요. "오늘이 대학 입학시험 치는 날인데, 우리 애가 시험 잘 쳐서 서울에 있는 대학에 갔으면 좋겠다." 시험을 못 봐서 지방에 있는 대학에 가면 자기 월급으로 어떻게 애 공부를 시키겠냐고 하면서 제발 서울에 있는 대학에 합격해야 할 텐데 하고 걱정을 하는 거예요. 조금 전까지 나를 고문할 때는 악마였던 그 사람이 자기 딸 이야기를 할 때는 악마가 아니고 그냥 평범한 아버지더라고요. 아내한테는 사랑하는 남편이고, 부모한테는 사랑하는 아들이고요. 그때 내 속에 있던 미움, 원망, 억울함 같은 감정들이 눈 녹듯이 녹

아버렸어요.

제가 만약 그 문제를 가지고 계속 억울해하고 분했다면 매일 술 마시고 욕하고 그랬을지도 몰라요. 생각하면 할수록 너무 분하고 화가 나니까요. 그런데 그렇게 하면 과연 내 인생에 도움이 됐을까요? 아닙니다. 내 속에 있는 개인적인 원한을 놓아 버렸기 때문에 지금 건강하게 살아갈 수 있는 겁니다.

이런 일을 그냥 잊어버리고 아무런 대응 없이 지나가야 한다는 뜻은 아닙니다. 저는 그 전까지는 사회운동에는 크게 관심이 없었어요. 나만 착하게 살고 내가 스스로 내 마음을 편안케 하면 아무 문제가 없겠거니 했는데, 어느 날 갑자기 잡혀가서 고문을 당하는 상황을 겪으면서 '이게 누구에게나 일어날 수 있는 일이겠구나' 하는 생각이 들었어요. 그 이후로 민주화운동, 인권운동, 고문폐지운동 같은 사회운동을 하게 됐거든요. 그러니까 여러분을 괴롭힌 어떤 사람을 생각하면서 개인적인 원한에 사무치기보다는 북한에 살고 있는 이천만 동포들이 좀 더 자유롭게 살 수 있고, 좀 더 행복하게 살 수 있는 그런 사회가 되도록 노력해야 합니다.

남북이 평화롭게 지내고 북한이 개방되어 민주화가 되려면 우리가 어떤 노력을 해야 하는데 북한에서는 아무것도 할 수가 없지 않습니까? 그런데 여러분은 밖에 나와 있으니까 어떻게든 그런 변화를 가져오도록 노력해야 한다는 이야기입니다. 내 고통을 사회적인 변화를 위해서 승화시키는 게 좋지 않을까, 저는 그렇게 생각해요. 계속 억울해하고 분해하며 북한에서 힘들었던 생각, 중국에서 고생한 생각 등 과거에 있었던 괴로움을 악몽 꾸듯이 계속 반복하면 내 인생만 점점 초라해집니다.

　　저는 여러분이 한국에 정착해서 잘 사는 게 바로 작은 통일운동이 아닐까 하는 생각을 합니다. 적응을 못하고 늘 술만 먹고, 직장도 없이 지내고 이러면 남한 사람들이 '아, 북한 사람들하고는 함께 살기가 어렵겠구나' 하고 생각할 수도 있습니다. 여러분들이 잘 살면 '북한에서 온 사람들이 참 열심히 사는구나, 열심히 배우고 열심히 일해서 한국 사회에서 자리 잡고 사는 것을 보니 통일이 되더라도 함께 잘 살 수 있겠구나' 하고 생각하게 됩니다. 그러니 한반도에 평화가 정착하도록, 통일에 도움이 되도록 하려면 여러분이 대한민국에서 잘 살아야 합니다.

여러분이 북한에서 얼마나 큰 고통을 겪었는지, 중국에 가서 이리저리 숨어 다니면서 얼마나 힘들었는지 그 아픔은 이해합니다. 그 고생을 하고 여기까지 왔는데 그래도 고생한 보람으로 남한에서 자리를 잘 잡아야지, 계속 옛날 생각하고 슬퍼하고 괴로워한다면 고생한 보람이 있겠습니까? 그러니 과거에 힘들었던 것들은 잊고 새롭게 출발해서 잘 정착해 살면 좋겠습니다.

# 소개받은 일자리가 불만입니다

**❝**

탈북민들이 하나원을 퇴소해서 주거지로 오면 각 지역의 하나센터에서 일자리를 알선해 주는데, 한국 사람들이 힘들다고 안 가는 데만 주로 데리고 가서 면접을 봅니다. 체제가 전혀 다른 이 땅에 와서 정착하기도 힘든데 어쩌다가 취업을 하면 일도 너무 힘들고, 월급도 한국 분들보다 적습니다. 이런 문제를 어떻게 해결해야 할까요? **❞**

질문자의 힘든 상황이 이해는 됩니다. 이제 막 하나원을 퇴소하고 한국 사회에 적응도 못 했는데, 일이 고되고 한국 사람들이 안 가려는 직장을 구해 주는 데다가 월급도 한국 사람보다 적으면 나보고 어떡하라는 거냐, 이런 막막함을 느끼는 탈북민들이 많지요. 제가 여러분의 어려운 사정은 알지만, 여러분을 아끼는 마음에서 직설적으로 이야기를 하겠습니다.

여러분들 생각을 크게 바꿔야 합니다. 여러분은 북한에서 태어나서 북한에 충성하다 한국에 왔어요. 즉 한국에 세금을 낸 것도 아니고 한국 군대에서 복무한 것도 아니고, 한국에 기여한 것이 없습니다. 남북한이 전쟁을 할 때 북한 장군을 하나 잡아서 혁혁한 공을 세우고 남한으로 왔거나 하는 게 아니잖아요. 여러분은 자발적으로 한국 사회에 오게 된 이민자란 말이에요. 한국 사람들도 미국에 이민을 처음 가면 미국 사람들이 안 하는 일, 즉 접시 닦고 설거지하고 이런 걸 할 수밖에 없습니다. 제가 젊은 시절에 미국에 혈혈단신 가서 일할 때도, 채소가게에서 허드렛일을 해서 돈을 벌었습니다. 좋은 일자리가 왜 이민자인 저한테 오겠어요. 그러니까 여러분도 한국 사람들이 꺼려하는 일자리를 주로 갖게 되는 것을 수용할 수밖에 없습니다.

이런 문제는 비단 한국에서만 그런 것이 아닙니다. 여러분이 중국에 가도 마찬가지예요. 탈북민들이 중국에 가면 어떻습니까? 중국 사람들에게 인기가 없는 일자리를 구할 수밖에 없죠.

그리고 일자리를 구해도 중국 사람들이 받는 월급만큼 안 줍니다. 게다가 중국 시민권은 당연히 없고 공안에 붙잡힐까봐 도망 다니는 신세잖아요.

여기서 일하기가 힘들겠지만 여러분은 자신이 가진 장점을 살려야 합니다. 바로 먹고살기 위해 무슨 일이든 해 봤다는 거예요. 이를 악물고 지금 있는 일자리에서 열심히 일하고, 실력으로 인정을 받으세요. 여러분이 북한에서 왔다는 편견을 이겨내고 직장에서 제대로 자리를 잡으려면 한 5년~10년이 걸립니다. 누가 봐도 '저 사람 북한에서 왔지만 사람이 성실하고 일 잘하기가 남한 사람보다 낫다' 하고 인정을 받아야 해요. 실력으로 승부하는 것 외에 다른 방법은 없습니다.

이것이 여러분이 가져야 할 마음가짐이고, 저처럼 한국에서 탈북민의 남한 정착을 돕는 사람들은 동일노동, 동일임금을 주장해야 합니다. 같은 일을 하면 한국 사람과 여러분을 차별하지 말고 같은 임금을 주라는 이런 운동은 한국 사람들이 할 일이고, 여러분은 스스로의 정착을 위해서 그 차이를 기꺼이 받아들이고 열심히 살아야 합니다.

# 북한에 계신 어머니가 그리워요

**❝**
어릴 때 어머니와 헤어졌습니다. 그래서 어머니를 많이 원망했는데 남한에 오니까 어머니가 많이 그립습니다. 제가 나이를 먹어가니까 어머니의 심정도 이해되고, 어머니가 얼마나 힘들었으면 우리를 버렸을까도 알 것 같습니다. 한국에 와서 제가 많이 아팠던 적이 있었습니다. 그때 어머니가 너무 그리웠어요. 어머니도 저를 찾고 있다고 하는데, 어머니를 한국에 꼭 데리고 왔으면 좋겠습니다. **❞**


우리 인생이라는 게 우리가 원하는 대로 되면 얼마나 좋겠습니까. 그런데 그렇게 되지가 않아요. 우리가 원하는 대로 다 되면 왜 3·1운동 때 그렇게 많은 사람들이 죽고도 곧바로 독립하지 못하고, 어렵게 해방이 됐는데도 왜 분단이 되고, 6·25 전쟁이 일어나고, 북한이 아직도 저렇게 어려운 처지에 놓여 있겠어요. 세상은 우리가 원하는 대로 다 되지 않습니다.

1990년대 들어와 북한에 고난의 행군이 시작되면서 사는 것이 너무 힘들어지고 사회 통제력이 좀 약해졌어요. 평생 국가에 충성하고 당에 충성했는데도 자기 보는 앞에서 자식과 부모가 굶어죽는 걸 보면서, 당과 국가에 충성한다고 이 문제가 해결되는 게 아니구나 싶어서 국경을 넘을 생각을 하게 됐지요. 그 전에는 힘들어도 국경을 넘을 생각을 쉽사리 하지 못했는데 말이에요. 마음의 장벽이 높았던 것이지요.

제가 처음 중국에서 북한 동포를 도울 때 옥수수 밭에서 한 남자를 만났는데, 저를 딱 보자마자 두 손을 번쩍 들고 마치 적군에게 하듯이 "항복합니다!" 이러는 겁니다. 무슨 영문인지 몰라 이야기를 들어봤습니다. 이 사람은 동네에서 한 집 건너 한 집이 중국으로 도망가도, 자기는 당과 국가를 지킨다고 도망가지 않았다고 합니다. 그런데 부모님이 돌아가시는 마당에도 어떻게 할 수 있는 방법이 없었고, 거기다가 자식이 굶어죽는 모습까지 보면서 회의가 들었답니다. 내가 평생 당과 국가에 충성했는데 어떻게 당과 국가는 내 부모와 자식이 굶어죽을 때 아무것도 해주지를 않는가. 그래서 자기는 남보다 늦게 중국으로 넘어온 거라고 합니다. 내가 살기 어렵다고 강을 건너면 나 때문에 조국이 망신을 당하니, 그 전까지는 조국을 망신시키지 않으려고 국경을 넘지 않았대요. 국경이 높아서 못 넘은 게 아니라 내가 나라를 망신시킨다 생각해서 강을 건너지 않았던 거지요. 그렇게 마음의 장벽을 넘기가 어려웠던 거예요.

누가 처음부터 남한에 가려고 국경을 넘었겠습니까. 중국에 가서 식량을 구해 다시 북한으로 돌아가 가족들을 먹여 살리려고 했던 것이지요. 그런데 중국에 가보니 뜻대로 잘 되지 않아 한 달 걸리고 두 달 걸리고, 또 일자리를 소개받아 갔는데 팔려가는 신세가 되기도 하고, 이러다 보니 억지로 고향을 떠나고 말았던 것이지요. 고향에 돌아가면 중국 갔다 왔다고 처벌을 받고, 그래서 도저히 살 수가 없어 또 국경을 넘고, 그렇게 몇 년을 지내다 한국으로 올 생각을 하게 됐지, 그 전까지는 한국에 올 생각을 하지 않았습니다.

지금은 마음의 장벽은 무너졌는데, 국경을 넘기가 쉽지 않습니다. 중국과 북한 사이의 국경에 철조망이 둘러쳐졌고, 또 중국에서는 국경경비대가 인민해방군으로 바뀌어 삼엄하게 지킵니다. 북한 안에도 이중 삼중으로 경비가 철저합니다. 그러다보니 전에는 돈을 많이 들이지 않고도 국경을 넘을 수 있었지만 지금은 엄청난 금액이 듭니다. 예전에는 500위안 내지 1000위안만 있으면 됐다면, 지금은 몇 만 위안씩 들게 됐습니다. 그래서 혼자서 국경을 넘는다는 건 이제 불가능해요.

어머니가 그리워서 내가 운다고 어머니에게 무슨 도움이 됩니까? 오히려 내 건강만 해칩니다. 앞으로 남북관계가 개선되어 어머니와 연락할 수 있는 상황이 올 때까지 기다리세요. 부모를 잊어버리라는 말이 아니라 지금은 내가 어떻게 한다고 뜻을 이룰 수가 없으니 때를 기다려야 합니다. 우리의 대북 정책이 조금 바뀌어서 남북관계가 좋아지면 서신이라도 왕래하자, 교류를 하자, 탈북민 탄압을 줄이자는 등 문제를 조금씩 풀어갈 수 있으니 우선 기다려야 합니다. 지금은 이를 악물고 열심히 직장 다니며 돈도 모으고 행복하게 살아야 합니다.

# 너무 힘들어서 죽고 싶어요

**"**

저는 사는 게 너무 힘들어요. 모든 게 스트레스고 사람들이 다 싫고 그냥 짜증만 나요. 그래서 치료가 필요한 것 같아 심리치료를 받으려니까 왠지 정신병자 취급받는 것 같아요. 누군가가 자꾸 괜찮다느니, 스트레스 받지 말라느니 하면서 저를 설득하고 이해시키려고 하면 더 짜증이 나요. 그냥 막연히 사람이 다 싫어지고, 제 인생은 너무 힘든 것 같습니다. 북한에서도 그렇고 여기서도 그렇고, 앞이 안 보여요. 전생이 있을까요? 저는 지금 이생이 너무 힘드니까 전생이 궁금해요.

중국에서 어렵게 남한으로 왔는데 이제 여기가 끝인 것 같고 그렇습니다. 원래 제 인생 목표가 북한을 벗어나는 것이었는데, 이제는 어디로 벗어난다는 게 무섭고 또 어디 갈 데도 없어요. 자살 생각도 많이 해봤는데 어머니 때문에 못 죽어요. 어머니보다 먼저 죽으면 불효를 저지르는 것 같아서, 어머니한테 미안해서 그냥 이렇게 살아가고 있어요. **"**

질문자가 말했듯이 먼저 병원에 가 봐요. 농담으로 하는 말이 아니고 진짜 병원에 가 보세요. 사람들 만나는 것도 싫고 모든 게 스트레스고 만사가 귀찮을 때는 병원에 가서 치료를 받아야 합니다. 정신적인 충격을 받아서 그런 경우도 있고 아니면 몸의 어떤 호르몬 분비에 이상이 생겨서 그런 경우도 있는데, 일주일 정도만 약을 먹으면 증상이 완화되고 좋아집니다. 약을 쓰면 간단하게 응급 치료를 할 수 있는 병이니까 병원에 가 보세요.

전생은 따질 필요가 없어요. 원래 이생을 잘 못 사는 사람이 전생을 찾아요. 북한에서 고생을 했어도 여기 와서 잘 살면 그것도 다 경험이 되고 거름이 되는데, 여기서 못 살면 '내 인생은 항상 왜 이러나' 하고 한탄합니다. 현생도 못 사는데 전생은 알아서 뭐하겠어요.

만사가 귀찮고, 사람도 싫고, 직장도 다니기 싫고, 죽고 싶고 그러면 정신질환이에요. 이런 거는 오래 두면 안 돼요. 만성화되면 나중에 치료가 잘 안 되고 자살하는 수도 있어요. 여기까지 고생하며 왔는데, 그러면 안 되지요. 그러니 빨리 병원에 가보세요. 병원에 가면 의료보험이 되니까 치료비도 얼마 안 들어요.

이렇게 사람이 많이 사는 사회에서 사람이 싫어지면 갈 데가 없어요. 위층에도 사람 살고 아래층에도 사람 살고 뒷방에도 사람 살고 앞방에도 사람 사는 우리 인생에 사람을 싫어하면 살 곳이 없습니다.

산에 가면 다람쥐가 막 뛰어다니죠. 다람쥐가 살기 힘들다고 하나요? 다람쥐가 힘들다고 그냥 자살해버릴까 하는 거 봤어요? 다람쥐도 그냥 살고 토끼도 그냥 살아요. 다람쥐보다 낫고 토끼보다 나은 게 사람인데, 사람이 왜 못 살겠어요. 그 어려운 북한에서도 살았는데, 또 중국에서 난민으로 있으면서도 살았는데 한국에서 왜 못 살겠어요. 그런데 정신적으로 약간 우울증이 오면 그런 나쁜 생각이 들 수도 있으니 적절하게 치료만 받으면 아무 문제없어요.

제가 어릴 때는 아플 때 약도 변변치 않았어요. 그때는 객귀 든다는 말이 있었지요. 상갓집이나 잔칫집에 가서 맛있는 걸 잔 뜩 먹고 돌아왔는데, 몸에 열이 나고 막 으슬으슬 떨리고 이러면 객귀 들었다고 했습니다. 객귀가 들었다는 건 떠돌이 귀신이 들 었다는 말이거든요. 그러면 어머니가 시퍼런 식칼을 갈아서 아 이 입에다 물리고 그 칼날따라 물을 세 번을 붓고는 입에 푸른 콩 세 개를 넣어서 삼키게 해요. 그리고 칼을 아이 머리에 세 번 문 지른 다음 "에이 귀신아 물러가라!" 이렇게 소리 지르면서 마당 에다 탁 던져 버려요. 그러고는 방을 뜨겁게 해서 아이에게 이불 을 덮어 땀을 계속 흘리게 해요. 이렇게 하면 실제로 낫습니다.

그런데 정말 귀신이 들어서 몸이 으슬으슬 떨리고 그런 걸까 요? 이 병은 요즘으로 말하면 급체입니다. 뜨거운 방에서 몸을 따뜻하게 하니 긴장이 확 풀리면서 소화되지 않던 증상도 풀어지 는 것이거든요. 이런 방법을 지금 같은 시대에 하시겠어요? 아니 면 약국에 가서 소화제를 사 먹겠어요?

옛날 방법으로 해도 낫는 줄 알지만 지금은 그렇게 안 한단 말이에요. 왜냐하면 그렇게 복잡하게 하는 것보다 훨씬 간단하고 효과적인 방법이 있으니까요. 물론 스님이 상담도 해 주고 절에 와서 기도도 하고 그런 방법도 있습니다. 그러나 지금 질문자의 상태는 병원에 가서 의사한테 진료 받고 몇 가지 상담하고 약을 먹는 게 훨씬 간단한 치료법이기 때문에 스님이 권하는 거예요.

북한에 어머님이 계시면 나중에 남북관계가 좋아졌을 때 어머니 뵈러 가고 그래야지요. 열심히 일해서 돈을 모아 효도도 하고요. 딸 덕분에 어머니가 호강도 해보고 그래야 되는데, 여기 남한까지 와서 병 들어서 자살하려고 하면 어머니가 어떻게 생각하시겠어요? 부모가 죽으면 북망산에다 묻고 자식이 죽으면 가슴에다 묻는다고 하잖아요. 어머니 가슴에 못을 박아서야 되겠어요? 그러니 꼭 병원에 가서 치료를 먼저 받으세요.

# 옮겨 심은 나무가 뿌리를 내리듯

❝
한국에서 '열심히'의 기준이 뭔지 궁금합니다. 제 나름으로는 열심히 하는 것 같은데 다른 사람이 보기에는 그게 '열심히'가 아닌 걸로 보이는지 인정을 안 해줘요. 그래서 좀 난감할 때도 많았습니다. 저 사람들이 바뀌지 않으면 내가 바뀌어야겠다고 생각해서 열심히 해봤습니다. 그랬더니 지금은 제가 말하기 전에는 누구하고 이야기하더라도 조선족이다 또는 북한사람이다 라는 소리를 듣지 않을 정도입니다. 사람들이 나중에 알고 "아, 탈북민이었어?" 하고 이야기할 때가 많습니다. 그래서 그 후에는 자신감을 좀 가지고 삽니다. 그런데 사람이 계속 자신감을 유지하고 살 수 있는 것은 아니더라고요. 어떤 때는 자신감이 좀 떨어질 때도 있습니다. 사람들로부터 인정받는 게 참 어려워요. '열심히'의 기준은 뭘까요? ❞

'열심히'의 기준은 없습니다. 예를 들면, 100미터를 20초에 달리는 사람은 25초에 달리는 사람보다는 빠르고 15초에 달리는 사람보다는 느립니다. 그러니 20초에 달리는 사람을 빠르다 또는 느리다고 할 수는 없지요? 누구를 기준으로 하느냐에 따라 빠르기도 하고 또 느리기도 합니다.

사람들은 각자 자기 기준을 가지고 있습니다. 그렇기 때문에 어떤 사람이 보기에는 질문자가 부지런한 것처럼 보이고 또 어떤 사람이 보기에는 부지런하지 않은 것처럼 보입니다. 부지런하지 않다고 하는 말을 들으면 '저 사람은 나보다 더 부지런한 사람이구나' 이렇게 이해하면 되고, 어떤 사람이 나보고 부지런하다고 하면 '저 사람은 나보다 덜 부지런하구나' 이렇게 이해하면 됩니다. 각자가 자기 생각대로 말한 것이기 때문에 이렇게 얘기하면 '저 사람은 이렇게 생각하는구나', 저렇게 얘기하면 '저 사람은 저렇게 생각하는구나' 하면 돼요. '나는 부지런한데 왜 나보고 안 부지런하다고 하냐!' 이렇게 따질 필요가 없습니다.

어떤 기준 또는 비교 대상에 비해 자기가 좀 모자란 것 같으면 위축되고, 더 나은 것 같으면 자신감이 생기는 것이 일반적인 심리현상입니다. 예를 들어 공부를 중간쯤 하는 아이가 공부 잘하는 반에 편성이 되면 꼴찌를 할 수도 있고, 반대로 공부 못하는 반에 들어가면 일등을 하겠지요. 자기 실력은 똑같은데도 못하는 아이 가운데서 일등을 하면 자신감이 생기고, 잘하는 아이들 가운데서 꼴찌를 하면 자존심이 상하고 열등의식이 생겨나요.

남이 나에게 열심히 한다는 평가를 해 주는지 아닌지에 신경을 많이 쓰는 것은 자신감이 없어서 그렇습니다. 북한에서 온 분들이 남한에 와서 자신감이 없어진다면 그 이유는 뭘까요? 북한에서 살 때 막노동을 하는 등 고생을 많이 했던 사람들은 한국에 오면 살기가 좋습니다. 무슨 일을 해도 북한보다는 사는 게 나으니까요. 그러나 북한에서 관리를 했거나 높은 자리에 있어서 목에 힘을 좀 주고 살았던 사람은 한국에서 지내기가 어렵습니다. 수입으로 따지면 북한보다 많을지 몰라도 북한에서는 자기가 주위 친구를 만나거나 하면 약간 목에 힘주는 축에 들어갔는데, 여기서는 목에 힘줄 일이 별로 없으니까요.

그러니 첫째로 과거는 탁 내려놓고 현재에 충실해야 합니다. 둘째는 당당하게 살라는 말씀을 드리고 싶어요. 나무를 옮겨 심어보면 보통 3년은 잘 크지 못합니다. 잔뿌리를 내리고 다시 크기 시작하는 데까지 3년 정도 걸려요. 사람도 사는 곳을 옮기고 뿌리를 다시 내리려면 시간이 좀 걸립니다. 개중에 빨리 내리는 사람이 있고 10년이 지나도 뿌리를 못 내리는 사람도 있지요. 여러분이 북한에서 왔다는 걸 숨기면 열등의식만 자꾸 생기고 한국 사회에 정착하는 데 도움이 안 됩니다. 그러니까 굳이 먼저 이야기할 필요 없이 자연스레 생활을 하되, 누가 물으면 당당하게 북한에서 왔다고 얘기하면 됩니다.

해외에 사는 우리 교민들 가운데 어느 나라에 사는 사람이 마음에 상처가 가장 많을까요? 바로 일본입니다. 일본에 사는 우리 교민들이 다른 나라에 있는 교민들보다도 생활 형편이 좋은 편인데도 그래요. 만약 내가 미국에 나가 산다면 얼굴 생김새가 미국인이 아니니까 한국 출신인 걸 숨기려야 숨길 수가 없어요. 그러니 한국 사람이라고 떳떳이 내놓고 살 수밖에 없습니다. 그런데 일본에서는 한국 출신이라는 것을 숨기면 일본 사람이 한국 사람인 줄 알아볼 수가 없지요. 특히 일본어가 유창한 교포 3~4세대들은요. 요즘처럼 북한과 일본의 관계가 나쁘고, 한국과 일본의 관계도 나빠질 때에는 일본 사람들이 한국 사람을 약간 차별한다고 합니다. 우리가 한국 안에서 조선족이니, 고려인이니, 탈북민이니 하면서 차별의 시선을 가지는 것처럼, 일본에서도 조센징이니 어쩌니 차별을 하니까 일본에 오래 산 한국 사람들은 자신이 한국계라는 걸 숨기고 말을 안 합니다. 그게 교포 1세대가 아니고 3~4세대가 그렇습니다. 그런데 이런 사실을 숨기면 심리적으로 굉장히 힘이 들어요. 물질적으로는 풍요롭지만 늘 마음을 졸이고 살게 되지요.

만일 여러분이 미국이나 캐나다에 간다면 한국 사람이라는 걸 숨길 수가 없겠지만, 한국에 살 때는 말씨 같은 걸 좀 바꾸면 북한에서 왔다는 걸 숨길 수도 있겠지요. 그러나 자신이 탈북민이라는 것을 숨기려고 하지 마세요. 숨기면 지금 당장은 도움이 될지 몰라도 결국 심리적으로 열등의식이 생기게 됩니다.

# 변절자라는 말을 들으면
# 너무 분해요

66

저희 탈북민들은 남한 사람에게서 '자기 조국을 버린 변절자'라는 말을 들을 때가 있습니다. 그럴 때면 너무 분하고 슬퍼서 어찌할 바를 모르겠습니다. 솔직히 북한에서 탈출해 남한으로 온 것은 굶어 죽지 않기 위한 것 아닙니까? 어쩔 수 없는 선택을 한 탈북민들이 왜 그런 말을 들어야 하는지요? 예전에 어떤 국회의원도 탈북민에게 변절자라는 말을 한 적이 있습니다.

살기가 너무 힘들고, 더는 자식들을 굶겨 죽이지 않고자 여기에 온 우리들을 변절자라고 하는 일부 남한 사람들을 스님은 어떻게 생각하시는지, 또 탈북민들이 그런 말을 들을 때 어떻게 해야 할지 스님의 의견을 듣고 싶습니다. 99

질문자는 북한에서도 살아봤고 남한에서도 살아봤잖아요, 그렇죠? 하지만 태어나고 자란 것은 북한이니까 그 생각이나 습관은 북한식에 가깝다고 할 수 있어요. 그런 질문자에게 누가 변절자라고 했다면 굉장한 충격일 수 있습니다. 그러나 남한에서는 누가 자신에게 변절자라고 해도 큰 충격으로 받아들일 필요가 없습니다.

북한에는 옳다고 여겨지는 단 하나의 사상이 있고, 그게 아니면 다 나쁜 것이잖아요. 그러나 남한에서는 헌법에 개인의 양심, 종교, 사상 등의 자유를 보장하고 있어요. 대한민국에서는 어떤 사람이 '김일성 만세' 또는 '일본 천황폐하 만세'를 외쳐도 법적으로 처벌을 받지 않습니다. 물론 사람들의 비난을 받을 수는 있겠지만, 법으로 처벌할 수는 없어요. 개인의 자유에 속하는 영역이기 때문이지요. 누군가가 자신에게 "너는 변절자다"라고 했다고 해서 거기에 충격을 받아 화를 내거나 슬퍼하고, 그 말을 들은 것이 계속 마음에 남아 있는 것은 질문자가 몸은 남한에 왔지만 아직 북한에서의 경직된 사고방식을 갖고 있기 때문이라고 볼 수 있습니다.

"그러면 남한에서는 상대방에게 그런 말을 해도 큰 문제가 되지 않는다는 말씀이십니까?"

상대방이 듣기에 기분 나쁜 말을 해도, 그게 법에 저촉되지 않으면 큰 문제가 없어요.

"대한민국이 탈북민을 받아들일 때는 정책적으로 한 동포로서 받아들인다는 의미인데, 남한 사람들이 동포로서 온 탈북민을 모욕한 데 대해 아무런 책임이 없다는 것이 이해가 안 됩니다. 이런 행동을 못하게 국가가 나서서 뭔가를 해야 하지 않을까요?"

그런 생각이 전형적인 북한의 사고방식입니다. 지금 이야기한 내용이 북한에서 한국 정부에 요구하는 거예요. 예를 들면, 남북이 서로 내정간섭을 하지 말자고 해놓고 남한의 인권단체들이 북한의 인권문제를 제기하거나, 세습 독재를 비판하면 북한은 왜 서로 자제하기로 해놓고 내정간섭을 하느냐고 문제 제기를 합니다. 그러면 남한 정부는 '정부 차원에서 한 것이 아니다. 민간에서 그런 이야기를 하는 것이므로 정부가 간섭하기 어렵다'고하죠. 그러면 북한은 '그게 말이 되느냐, 정부가 민간을 통제해

야지 왜 그것도 못 하느냐' 하고 항의를 하거든요. 하지만 남한
에서는 국민들이 이렇게 하든 저렇게 하든, 법에 저촉되지 않으
면 문제가 없어요. 법의 테두리 안에서는 북한을 강하게 비판하
는 사람도 있고, 말로만 비판하는 것이 아니라 대북전단 같은 것
을 북쪽으로 보내는 사람도 있고, 반면에 북한을 칭찬하는 사람
도 있어요. 그래서 대한민국을 자유민주주의 국가라고 합니다.

"네, 그렇긴 하지만 저는 남한 사람들이 탈북민을 좀 친근하
게 생각해 줬으면 하거든요."

남한 사람들이 탈북민을 친근하게 대하면 얼마나 좋겠어요.
그런데 남한의 모든 사람이 탈북민을 친근하게 대해야 한다고 생
각하면 그건 정말 어려운 얘기에요. 사람의 생각은 다 제각각입
니다. 더구나 남과 북은 그동안 다른 나라나 다름없이 살아왔잖
아요.
전에 이런 일이 있었답니다. 북한의 대표단이 미국 워싱턴
D.C.를 방문했는데, 조지 워싱턴 대학을 간 거예요. 북한 대표단
이 "역시 미국에서 제일 좋은 대학은 훌륭하다"고 칭찬을 하는
데, 미국 사람들이 듣기에는 어리둥절했지요. 발표기관에 따라

다르기는 하지만, 조지 워싱턴 대학은 미국 대학 순위에서 50위권 밖에 있으니까요. 북한에서는 김일성대학이 제일 좋은 대학이니까, 미국에서도 당연히 건국의 아버지 조지 워싱턴의 이름을 딴 대학이 제일 좋다고 생각한 거지요.

작은 예지만 이렇게 북한 사람 입장에서 보면 다른 나라에 이해되지 않는 점들이 있듯이, 남한 사람이 보기에 북한 사람이 잘 이해되지 않는 부분이 있는 것은 당연한 일이에요. 남한 사람이 탈북민에 대해 가지고 있는 어떤 시각이나 내뱉는 말이 섭섭한 것은 이해가 됩니다. 그렇다고 제가 '그래, 그렇게 말하는 사람이 나쁜 놈이야' 하고 이야기한다면 질문자에게 잠시 마음의 위안이 될지는 모르지만 문제의 해결책이 될 수는 없습니다. 앞으로도 그런 일은 계속 일어날 수밖에 없으니까요.

"북한은 정보가 제한되어 있어 남한을 잘 모르지만, 남한은 북한의 많은 것을 알고 있는데도 그런 말을 한다는 것이 상처가 됩니다. 특히 진보적인 사람들이 탈북민을 그런 시선으로 본다는 것이 이해되지 않습니다."

질문자는 남한 사람들이 북한을 잘 알고 있는 것처럼 말하지만, 그렇지 않습니다. 북한 민중들의 심정이나, 어려운 시기에 북한 사람들이 얼마나 많이 굶어 죽었는지, 또 인권 침해가 얼마나 심각한지 잘 몰라요. 자기 일이 아니니까요.

또 진보적인 사람들이 인권과 민주주의를 아주 소중히 여겨야 하는데, 북한의 인권 침해 상황을 왜 모를까 생각할 수 있습니다. 그 이유는 그들 중 일부는 옛날 북한체제가 튼튼하던 시기에 북한을 동경하던 세력에 뿌리를 두고 있기 때문입니다. 지금 우리 사회에는 북한에 대한 양 극단의 시각이 공존하고 있어요. 한쪽은 아직도 북한을 두려워하고 내일이라도 북한이 쳐들어와 우리가 망할 수 있다고 생각하고, 다른 한쪽은 북한체제를 동경하는 마음을 아직도 가지고 있어요. 하지만 이런 극단적인 견해를 가진 사람은 이제 우리 사회에서 아주 소수입니다. 대부분의 국민은 북한에 대해 특별한 환상이나 두려움을 갖고 있지는 않아요. 오히려 무관심한 것이 문제이지요.

남한 사람이 북한과 북한 사람을 바라보는 시선은 다양합니다. 북한을 동경하는 시선이 남아 있는 소수는 탈북민들을 조국을 배신하고 온 사람이라고 보는 거예요. 열 명 중 한 명은 그런 사람을 만나게 됩니다. 그러나 그런 사람을 만나더라도 웃을 수 있어야 합니다. '아, 저 사람은 수십 년 전에 북한을 바라보던 시선에서 아직도 벗어나지 못 했구나' 하고요. 그 사람을 경찰에 신고해도 범죄로 인정이 안 돼요. 그리고 열 명 중 서너 명은 북한에서 왔다고 하면 못 사는 나라에서 왔다고 약간 무시할 겁니다. 그런 경험이 있지요? 말투를 듣고는 중국 조선족이라고 생각했다가, 북한 사람이라고 얘기하면 못먹고 못사는 나라에서 왔다고 깔보는 거죠. 또 서너 명은 "아이고, 고생하다 오셨네. 남한에서 살기 힘들죠?" 하고 관심과 애정을 갖고 이야기할 겁니다. 그 다음에 또 극단적인 열 명 중 한 명은, "우리 의기투합해서 북한을 때려 부숩시다" 하고 이야기할 거예요. 남한에는 대략 이런 정도의 비율로 탈북민을 보고 있어요.

극단적인 견해를 지닌 사람은 저를 보고도 반북인사라고 합니다. 제가 북한에서 사람이 굶어 죽는 현실을 이야기하면 이 사람들은 북한에 대해 나쁜 이미지를 퍼뜨린다고 비난해요. 그리고 북한 인권이 열악하다고 이야기하면 우리나라는 인권 상황이 좋냐고 반박하고요. 제가 북한의 정보를 수집해서 미국에 보고 하는 미국의 첩자라고 주장하는 사람도 있습니다. 반대로 다른 편의 극단적인 견해를 지닌 사람은 법륜 스님이 친북인사라고 합니다. 북한에 자꾸 지원하자고 하고 북한과 화해협력하자고 하니까 빨갱이라고 비난해요. 이 양쪽 사람들은 항상 있습니다.

탈북민 여러분들이 이런 사람을 만나면 좀 충격을 받을 수 있지만, 그런 사람이 대한민국 국민의 다수가 아닙니다. 양쪽의 두 극단을 빼면 대부분은 '아이고, 고생하다 오셨네' 하고 안타깝게 생각하거나 '쯧쯧, 불쌍한 사람이네' 하고 얕보거나 합니다. 이렇게 이해하시면 됩니다.

이런 걸 알고 생활을 해 나가야지 일일이 기분 나빠하면 여러분들이 여기서 살아갈 수가 없어요. 현실을 올바르게 이해하고 살아야 합니다. 제가 질문자의 섭섭한 감정을 모르는 것은 아닙니다. 다만 그런 말이 대한민국 국민 다수의 공감을 얻지는 못한다고 이해하시면 좋겠습니다.

# 마음이 불안합니다

**"** 저는 남한에 온 지 10년이 지났는데요, 마음을 다스리고 심신을 안정시키는 명상을 하고 싶습니다. 명상을 하는 좋은 방법이 있으면 알고 싶어요. **"**

밭에 심은 곡식이 잘 성장하려면 두 가지 조건이 충족되어야 합니다. 첫째는 씨앗이 좋아야 하고, 둘째는 밭이 좋아야 해요. 이 씨앗을 인因이라고 하고, 밭을 연緣이라고 합니다. 씨앗과 밭이 모두 좋아야 싹이 트는데, 싹이 트는 것을 결과, 과果라고 합니다. 그래서 이걸 인연과보因緣果報라고 합니다. 아무리 씨앗이 좋아도 천장에 매달아 놓으면 싹이 트지 못하고, 아무리 밭을 잘 가꿔놔도 씨앗이 없으면 싹이 트지 않습니다. 이 둘이 만나야 싹이 트지요. 인因과 연緣이 만나야 과보가 생깁니다.

우리가 사는 이 세계를 밭이라고 하면 거기 톡 떨어진 씨앗이 바로 나 개인이에요. 좋은 씨앗은 환경이 좀 나빠도 싹을 틔웁니다. 그런 것처럼 주위 환경이 나빠도 내가 마음 관리를 잘하면 행복하게 살 수 있습니다. 그런데 아무리 명상을 하고 마음 관리를 한다 해도 북한처럼 환경이 너무 나쁘면, 가령 강제로 동원돼서 노역을 하면 사는 게 당연히 힘이 듭니다. 환경도 좋아야 합니다. 그래서 우리가 사는 사회를 좋게 만드는 사회 운동도 필요하고, 내 마음을 좋게 가지는 수행도 필요합니다.

500명이 같은 차를 타고 같은 곳을 구경하고, 밥도 같이 먹고, 같은 강당에 앉아 스님이 하는 말을 들었는데, 어떤 사람은 즐거워하고 어떤 사람은 "아이고, 다시는 안 올 거다" 해요. 한 사람은 인삼 먹고 한 사람은 무 먹어서 그런 게 아니라 똑같이 무를 먹었는데도 한 사람은 맛있다고 하고 또 다른 사람은 입이 삐쭉 나오기도 한다는 말입니다. 그럴 때 같은 환경에서는 그래도 내가 제일 행복을 누리도록 하는 게 명상이고, 수행입니다. 아무 조건에서나 행복하다는 게 아니라, 같은 조건에서 다른 사람보다 더 행복하도록 하는 자기 자세입니다.

어떤 환경과 조건에서도 자기 마음을 편안하게 갖도록 훈련 하는 것을 '수행'이라고 하고, 그 수행 방법 중의 하나가 '명상' 입니다. 예를 들어 어떤 사람이 여러분에게 욕을 하면 기분이 나 쁘겠지요? 또 누가 내게 칭찬을 하면 기분이 좋아집니다. 이렇게 기분이 좋아지거나 나빠지는 것은 내 의지로 되는 것이 아니라 자동으로 마음이 반응하는 것입니다. 이 마음 작용은 내 의지대 로 되는 것이 아니에요. 누가 욕하면 기분이 나빠지고 칭찬을 하 면 기분이 좋아집니다.

기분이 좋다고 그 기분에 빠지지 않고 '아, 기분이 좋구나' 하고 알아차리고, 또 화가 나면 화를 내지 말아야지 하는 게 아니 라 '화가 나는구나' 하고 알아차립니다. 이렇게 자꾸 알아차리 는 연습을 하면 내 감정과 기분도 널뛰듯 출렁거리지 않고 호수 의 물처럼 잔잔해집니다. 상대가 욕을 하든지 칭찬을 하든지 내 가 거기에 일희일비하지 않고 구애를 받지 않으면 내가 다른 사 람으로부터 자유로워집니다. 좋고 나쁜 것이 출렁이지 않는 상 태로 나아가는 것, 이것이 명상의 목적입니다.

그러면 이 연습을 어떻게 할까요? 가만히 자리에 정좌하고 눈을 차분하게 감고 몸과 마음을 편안하게 한 뒤에 마음을 콧구멍 끝에 집중합니다. 이 상태에서 호흡을 관찰하면, 우리가 평소에 관찰을 안 해서 그렇지 숨이 들락날락하겠죠. 숨이 들어올 때 들어온 줄 알고, 나갈 때 나가는 줄 알아차려야 합니다. 말로는 매우 간단한데 실제로는 쉽지 않습니다. 자꾸 놓쳐요. 콧구멍 끝에 마음을 딱 집중해서 숨이 들어올 때 들어오는 줄 알고 나갈 때 나가는 줄 알고, 숨이 거칠면 거친 줄 알고 고요하면 고요한 줄 알고, 이렇게 자꾸 연습을 하면 호흡이 잔잔해집니다. 호흡이 잔잔해지면 알아차림을 놓치기 쉬워요. 놓치면 다시 호흡에 집중해서 알아차림으로 돌아가고, 이 과정에서 또 호흡이 잔잔해지고, 이런 연습을 계속 하면 자신의 상태에 깨어 있게 됩니다. 그러면 사람들이 나한테 욕을 해도 눈썹이 잠깐 떨리다가 말아요. 사람들이 막 칭찬을 해도 그냥 빙긋이 웃고 말아요. 이걸 여여하다고 합니다. 편안해지는 거예요. 이렇게 제대로 배워서 연습하는 게 좋습니다.

# 한국 젊은이들은 서산대사를
# 몰라요

**"**

먼저 우리 탈북민들을 많이 도와주신 스님께 진심으로 감사 드립니다. 제가 여쭤보고 싶은 것은 대한민국의 역사 교육에 관한 것입니다. 임진왜란 시기에 서산대사님이 계셨지 않습니까? 북한에서는 서산대사에 대해 많이 가르치는데 왜 남한은 이런 교육을 하지 않는지요? 그래서 대한민국에 계시는 분들은 서산대사를 잘 모르고 있는 것 같습니다. **"**

아닙니다. 서산대사가 임진왜란 때 승병의 우두머리라는 걸 다 알고 있습니다.

"어린 학생들에게 물어보면 임진왜란이나 서산대사를 잘 모르거든요."

　어린애니까 잘 모를 거예요. 초등학생들은 역사 교육을 제대로 받기 전이니까요.

　"초등학생뿐만 아니라 중고등학생이나 대학생들도 서산대사를 잘 모릅니다. 대한민국 국민이라면 우리 선조들을 잘 알아야 하는데, 제대로 역사 교육을 안 받는 것 같아서 안타까운 마음이 들어요."

　역사 교육이 잘 이루어지지 않고 있다는 말은 맞습니다. 요즘 젊은이들 중에는 국사가 필수가 아닌 선택과목이었던 세대들이 있어서 그래요. 지금은 다시 국사가 필수과목이어서 모든 학생들이 우리 역사를 배웁니다. 그런데 한국 교육이라는 게 뭘 중요시합니까? 영어 교육을 굉장히 중요시하지요. 외국어는 엄청나게 교육시키면서 우리 역사를 가르치는 일을 등한시하는 것은 대한민국 교육에서 굉장히 잘못된 점이라고 할 수 있습니다.

　"그러면 그런 아쉬운 점, 잘못된 점을 바로잡으려면 어떻게 해야 할지요?"

질문자가 대통령에게 편지를 좀 쓰세요. '제가 북한에 살다
가 남한에 왔더니, 다 좋은데 한 가지 문제가 있다. 바로 우리 역
사를 제대로 안 가르쳐서 젊은이들이 역사를 잘 모르더라. 이것
은 정말 개선을 했으면 좋겠다', 이렇게요.

"스님이 말씀하시면 몰라도 제가 그런 이야기를 한다고 무슨
효과가 있겠습니까?"

아니에요. 탈북자로서 남쪽에 와 보니 다른 건 다 좋은데 이
게 문제더라, 하면 듣는 사람 입장에서 경청을 하게 돼요. '남쪽
에 오니까 이것도 잘못됐고, 저것도 잘못됐고, 다 문제다!' 이러
면 듣는 사람이 '이 사람은 도무지 고마워할 줄도 모르고, 불만
만 가득하다' 하고 무시해 버리기 쉽지만요.

질문자가 임진왜란과 서산대사 이야기를 했으니까 좀 설명을
해 보자면, 임진왜란 당시에는 일본군이 양민을 워낙 많이 학살
했기 때문에 스님들마저 일본군에 맞서 싸운 겁니다. 스님들은

원래 살생을 하면 안 되는데 양민들의 죽음을 막기 위해 창칼을 들고 승병으로 떨쳐 일어난 거예요. 이 승병의 우두머리가 서산대사입니다. 또 우리가 잘 아는 사명대사가 있는데 서산대사의 제자입니다. 사명대사는 서산대사 아래에 있는 많은 승병 중 한 명이기 때문에 서산대사가 더 유명한 것이 맞습니다만 한국에서는 사명대사가 더 유명합니다. 그 이유는 사명대사가 전투를 치르면서 기적을 행하고 일본에 잡혀간 포로들을 다시 조선으로 데려오는 등 많은 공을 세웠기 때문이에요. 남한의 어린이용 위인전에도 서산대사는 거의 없고 사명대사 이야기가 많이 있습니다. 그래서 아이들이나 학생들이 서산대사는 잘 모를 수 있어요. 그러나 북한에서는 서산대사가 더 유명하죠. 그 이유는 서산대사가 북한 묘향산의 보현사에 머물렀기 때문에 묘향산이나 보현사 이야기를 하려면 서산대사 이야기를 할 수밖에 없을 거예요.

"스님 말씀을 들으니까 이해가 좀 됩니다. 남북이 통일돼서 우리 민족 모두가 선조들의 자랑스런 역사를 함께 배우는 날이 오기를 바랍니다."

네. 그리고 통일이 되면 우리 문화재 복원도 이루어져야 합니다. 역사적으로 우리 문화유산이 크게 파괴된 적이 세 번 있었습니다. 첫 번째가 몽고의 침입 때입니다. 고려 중기 몽고에 의해 신라 시대와 고려 초기의 문화재들이 많이 유실됐고, 이들은 고려 후기에 많이 복원됐습니다.

두 번째는 임진왜란 때 일어난 고려 후기와 조선 초기의 문화재 유실입니다. 그런데 이들 문화재는 규모 있는 복원이 이루어지지 않았습니다. 조선은 유교 사회여서 불교를 억압했으므로 파괴된 불교 문화재들을 복원하지 않았어요.

세 번째가 한국전쟁 때의 문화재 파괴입니다. 한국전쟁으로 남북이 분단됐기 때문에, 파괴된 문화재의 복원도 남북이 차이가 있었습니다. 북한은 국가적으로 문화재 복원을 지원하지 않아서 폭격으로 파괴된 사찰들이 아직도 제대로 복원되지 못하고 있습니다. 서산대사가 머물렀던 보현사만 외국 관광객 유치를 위해 어느 정도 복원이 됐고, 평양 시내에 있는 사찰 몇 곳, 그리고 칠보산 개심사가 조금 복원되어 있는 수준입니다. 반대로 남한은 통도사, 해인사, 불국사 등 이런 많은 절들을 복원해서 옛날 그대로는 아니지만 상당히 규모 있는 가람들을 지어놨지요.

그래서 통일이 되든지 남북교류가 활성화되면, 문화재 복원이 하나의 큰 사업이 될 것입니다. 제가 안변에 있는 석왕사의 사진을 보니까 일주문은 아주 큰 것이 옛날 그대로인데, 대웅전은 시멘트로 짓다가 만 수준으로 방치되어 있었습니다. 이런 사찰들이 한두 개가 아니에요. 금강산에도 복원이 필요한 많은 사찰들이 있지요. 남북이 힘을 합쳐서 우리 선조가 물려준 이런 많은 문화재들을 빨리 복원해 낸다면 좋겠지요.

# '좋은벗들' 창립과 활동

# 남과 북이 이웃이 되는 행복한 세상

'좋은벗들'은 1996년 12월 12일에 창립했습니다. 북한에서 '고난의 행군'이라는 기아사태를 불러온 1995년 대홍수를 기억하시나요? 이 홍수로 인한 이재민을 구제하려는 게 좋은벗들의 창립 목적이었습니다. 그 고통의 소식을 듣고 우리 남쪽에서도 이대로 있어서는 안 되겠다고 판단해서 인도적 지원을 시작했고, 곧이어 압록강과 두만강 변에서 중국으로 넘어온 난민들을 지원하는 일도 시작했습니다.

사실 북한에서는 1994년부터 사람이 굶어죽는 일이 있었지만 우리는 모르고 있었습니다. 1995년 8월 대홍수가 일어났을 때 제가 중국 길림성과 요녕성에 있어서 그때의 홍수가 중국에 엄청난 피해를 끼친 것을 알았지만, 그때만 해도 북한에 큰 피해가 있는 줄 몰랐어요. 그해 9월 미국에 가서야 북한에 엄청난 홍수 피해가 있었다는 것을 알았습니다. 황해도와 신의주가 완전히 물바다가 된 걸 보고 북한을 도와야겠다는 생각으로 구호활동을 시작했어요.

그런데 홍수가 있던 그 이듬해 북한 잠수함이 강원도 울진-삼척 지구에 침투를 했습니다. 남북관계가 완전히 끊겨버렸지요. 그래서 그때는 제가 북한 동포를 돕자고 하면 '스님, 반공교육 좀 더 받으셔야겠습니다' 하는 말을 들었습니다. 워낙 남북관계가 안 좋다 보니 북한을 돕자는 말조차 꺼내지 못할 상황이었습니다.

그래서 저희는 북한을 돕는 대신 중국 조선족 돕기를 했습니다. 그 무렵 조선족 동포들이 한국에 오려고 브로커에게 2~3만 위안 돈을 주고 비자를 받는 경우가 많았는데, 사기가 횡행해서 그 피해자가 수만 명에 달했어요. 이들을 돕게 되면서 북한 사정을 잘 알게 된 거지요. 그 당시 무산 탄광이 잘 안 되다 보니 회령에서도 또 혜산에서도 북한 사람들이 중국으로 넘어갔습니다.

우리가 '좋은벗들'을 창립하고 인도적 차원에서 북한 동포 돕기 운동을 시작했는데, 한국에서는 엄청난 논쟁이 있었습니다. 북한에 홍수가 나서 엄청난 식량 위기 상태이고 사람이 죽어가니 도와야 한다는 쪽과, 북한에서 한국과 외국의 지원을 받아

군량미를 확보하려고 일부러 식량난을 과장한다는 쪽이 대립하고 있었습니다.

북한에는 정부 허가 없이는 갈 수 없는 상태여서 압록강, 두만강 변에서 북한 난민을 만나 이야기를 들어보니 외국인들이 얘기하던 것이나 우리가 예상하던 것과는 비교가 안 될 정도로 많은 사람들이 죽어가고 있었습니다. 1997년에는 정말 많은 사람들이 죽었습니다. 특히 함경북도가 제일 심했지요. 저희들은 1997년부터 2000년, 중국에서 추방당할 때까지 탈북난민 약 2만 명을 도왔습니다. 두만강 변에 마을마다 근거지를 만들어서 '사랑의 보따리'에 식량, 옷, 약을 담아 북한 난민들이 넘어오면 주고, 넘어오면 주었어요.

혜산(량강도) 건너편 장백에 우리 지부가 있었고 제가 백두산을 수없이 넘어 다녔습니다. 장백(중국)으로 건너오면 있는 탑산을 아는 분들이 계실 겁니다. 그 탑산 골짜기로 얼마나 많은 사람들의 애환이 서려 있는지, 또 겨울에 그곳에서 죽은 사람들이 얼마나 많은지… 어린아이와 여인들이 고통 받는 걸 제가 무수히 목격하고, 그들을 보호하고 지원해서 돌려보내기도 했습니다. 그리고 압록강 상류와 허천강에 가면 봄에 얼음이 녹으면서 시신이 몇 구씩 떠내려 오는 것을 직접 목격하고 많은 아픔을 느꼈습니다.

이따금 청년들이 제게 통일 운동이나 북한 돕기, 난민 돕기를 20년 가까이 지속적으로 하는 에너지가 뭔지 질문합니다. 특별한 건 없고 제가 그 고통을 현장에서 봤기 때문에 그것이 에너지라면 에너지죠. 제가 아니라 누구라도 그런 고통을 직접 봤다면 '좋은벗들'이 하는 활동을 할 수밖에 없었을 겁니다.

두만강 상류 지역인 중국, 그러니까 광평, 남평에서 두만강 중류 지역인 무산, 회령, 두만강 하류 지역인 온성, 샛별, 나진까지 연결되는 지역에서 구호활동을 했습니다. 그때 만난 탈북난민 3천여 명을 인터뷰 해서 관련 자료를 모았고, 제가 직접 만난 사람만 해도 수백 명입니다. 그렇게 모은 자료의 일부를 엮어 《두만강을 건너온 사람들》을 펴냈습니다. 이 책은 그때 북쪽에서 얼마나 많은 사람이 희생됐는지, 그들이 넘어오면서 어떤 인권침해를 겪었는지를 국제사회에 알리는 데 많은 역할을 했습니다.

그러다 2000년 가을, 중국에 있는 우리 지원 조직이 와해되고 말았습니다. 국경 근처에서 사진을 찍다가 단속에 적발되어 압수수색이 들어오고, 연길에 있는 본부가 급습 당했습니다. 우리가 그때 나진, 선봉에 영양식 공장을 만들어서 탁아유치원 아이들 1만 5천 명을 지원했는데, 그것까지 모두 오해를 받았습니

다. 1998년, 1999년에는 온성군 전체에 비료 1800여 톤을 지원
했는데, 인도적 지원이었지만 난민을 도왔다는 것 때문에 우리
활동가들이 중국 감옥에서 6개월간 고문도 당하고 옥살이를 하
다가 추방되어 이후 5년간 중국에 출입금지를 당했습니다. 당시
중국에 있는 조선족 분들이 많은 도움을 주었는데, 그분들도 피
해를 입었어요. 직장에서 정직·해직이 되고, 재산을 빼앗기는
고통을 겪었습니다. 그 이후에는 중국에서 직접 활동하지 않고
간접적인 활동을 해오고 있습니다. 난민을 돕는 게 무슨 죄가 되
냐고 할 수 있지만, 중국 정부가 볼 때는 변경법 위반이니 이해는
됩니다.

20세기 말, 21세기로 넘어가는 그 시대에 이렇게 많은 사람
이 고통을 겪고 죽어도 그 소리가 바깥 세상에 들리지 않았습니
다. 300만 명이나 되는 사람들이 희생을 치렀지만 바깥 세상은
아무것도 모르는 그런 전쟁이었죠. 그래서 저희들은 그때를 '소
리 없는 전쟁', '침묵의 전쟁'이라고 부릅니다.

처음에는 우리가 '우리민족서로돕기 불교운동본부'라는 이
름을 쓰다가 그 다음에 '국제평화인권난민지원센터 사단법인 좋
은벗들'로 명칭을 바꾸고, 북한에서 사람들이 굶어 죽는 '고난의

행군'의 실정과 난민들의 비참함을 유엔난민기구UNHCR를 통해 국제사회에 처음으로 알렸습니다. 그때는 제가 미국에서 정부·민간 단체를 찾아다니며 매일 울면서 지원을 호소했습니다. 아무리 북한 정부가 나쁘다고 하더라도 북한에 사는 고통받는 주민들은 도움을 받아야 하고, 중국으로 넘어온 탈북 난민들은 난민으로서 국제사회의 보호를 받아야 한다고 호소했습니다.

1996년부터 시작한 좋은벗들이 활동해 온 지는 벌써 20년이 지났습니다. 처음에는 이 문제가 20년이나 갈 줄 몰랐습니다. 5년이나 10년 정도 하면 끝날 줄 알았는데, 가면 갈수록 더 나빠져서 일이 복잡해졌습니다. 우리가 중국 현장활동을 철수한 뒤에는 한국에 온 탈북민과 함께 하는 일을 하고 있습니다. 남북한 사람들이 서로에게 좋은 이웃이 되어 행복하게 살아갈 날을 꿈꾸며, 지금 여기에 온 여러분들과 그 연습을 하고 있는 겁니다. 남한 사람들과 탈북민이 서로 좋은 이웃이 되는 연습에 여러분들도 기꺼이 동참해주시면 좋겠습니다.

# 스님, 왜 통일을 해야 하나요

초판 1쇄 발행 | 2018년 10월 15일
초판 3쇄 발행 | 2019년 11월 15일

지은이 | 법륜
펴낸이 | 김정숙

기획 · 편집 | 이상옥, 이새롬, 이정민, 박형준, 박선희, 이승숙
홍보 마케팅 | 박영준, 이수진
제작처 | 금강인쇄

펴낸곳 | 정토출판
등록 | 1996년 5월 17일(제22-1008호)

주소 | 06653 서울특별시 서초구 효령로51길 7 (서초동)
전화 | 02-587-8991
전송 | 02-6442-8993
이메일 | jungtobook@gmail.com

ISBN 979-11-87297-15-4 03340

이 도서의 국립중앙도서관 출판예정도서목록(CIP)은 서지정보유통지원시스템 홈페이지
(http://seoji.nl.go.kr)와 국가자료공동목록시스템 http://www.nl.go.kr/kolisnet)에서
이용하실 수 있습니다.(CIP제어번호:2018032528)